智能化装备保障

刘铁林　姜相争　著

北京理工大学出版社
BEIJING INSTITUTE OF TECHNOLOGY PRESS

版权专有　侵权必究

图书在版编目（CIP）数据

智能化装备保障 / 刘铁林，姜相争著． --北京：
北京理工大学出版社，2025.1.
ISBN 978－7－5763－4960－3

Ⅰ．E145.6

中国国家版本馆 CIP 数据核字第 2025CQ5198 号

责任编辑：王梦春　　　**文案编辑**：辛丽莉
责任校对：周瑞红　　　**责任印制**：施胜娟

出版发行 / 北京理工大学出版社有限责任公司
社　　址 / 北京市丰台区四合庄路 6 号
邮　　编 / 100070
电　　话 / （010）68914026（教材售后服务热线）
　　　　　（010）63726648（课件资源服务热线）
网　　址 / http：//www.bitpress.com.cn

版 印 次 / 2025 年 1 月第 1 版第 1 次印刷
印　　刷 / 三河市华骏印务包装有限公司
开　　本 / 710 mm×1000 mm　1/16
印　　张 / 12
字　　数 / 170 千字
定　　价 / 89.00 元

图书出现印装质量问题，请拨打售后服务热线，负责调换

摘　　要

随着军事形态加速向智能化演进，当前，加快军事智能化发展已经成为世界各强国的共识。党的二十大报告提出，要坚持机械化、信息化、智能化融合发展。作为军事智能化的重要组成部分，智能化装备保障对于深入推进陆军机械化、信息化、智能化融合发展，提升信息化、智能化作战能力具有重要作用。因此，积极推进智能化装备保障问题研究，填补该领域理论研究的空白；指导智能化装备保障体系建设，提升智能化装备保障水平，已成为加速军事智能化发展的迫切需要。

本书在体系作战框架内，以陆军智能化装备保障为研究对象，对当前推进智能化装备保障的重难点问题展开研究，系统解析了智能化装备保障的基本理念；在保障能力指标分析的基础上，构建了陆军智能化装备保障体系，探索了智能化装备保障关键模型的构建方法与运行模式，提出了智能化装备保障效能评估方法，为丰富智能化装备保障理论体系、推进陆军部队装备保障转型建设提供了理论参考和技术支撑。本书的主要研究内容如下。

（1）解析了智能化装备保障理念。智能化装备保障作为一种全新的保障理念，其相关理论研究尚未摆脱机械化、信息化的思维模式，存在研究内容片面、深度不够等问题。在界定智能化装备保障相关概念的基础上，重点分析了智能化装备保障的组成要素、发展阶段、主要特征、具体方式、地位作用等内容，增强了智能化装备保障基本理论的系统性、全面性，为后续智能化装备保障体系的构建和运行提供了理论支撑。

（2）建立了陆军智能化装备保障能力指标重要度分析模型。由于传统的基于专家经验的装备保障重要度分析方法易受主观因素干扰，且指标之间缺少关联性分析，导致需求分析结论的可靠性、客观性不强。运用计算机辅助制造功能建模方法（ICAM Definition Method，IDEF）分析工具，直观呈现了从智能化作战任务到智能化装备保障能力指标的逐层映射，确定了智能化装备保障任务指标和能力指标。在此基础上，将灰色质量功能展开法（Grey Quality Function Deployment，GQFD）和机器学习理论相结合，构建基于GQFD＋机器学习的智能化装备保障重要度分析模型，能够客观地实现智能化保障能力指标重要度权值的自动排序。

（3）构建了基于人—机—环境理论的陆军智能化装备保障体系。陆军智能化装备保障的组成要素、具体方式、地位作用的改变，对装备保障体系的构成要素、逻辑结构产生一定影响。在分析保障能力需求的基础上，结合当前智能化装备保障的发展阶段，运用"人—机—环境"系统工程理论，将智能化装备保障指标要素按照"人—机—环境"的原理进行聚合匹配，构建了全维实时的态势感知、人机融合的智能决策、人机协同的保障实施三个子体系，描述了体系构建的过程和内容，为开展装备保障体系运行模式研究奠定了基础。

（4）提出了陆军智能化装备保障关键模型的构建方法与运行模式。智能化装备保障体系结构和功能的变化，必将引起其运行过程和实施模式的改变。在态势感知环节，针对传统的态势感知模型难以处理动态、海量、多源异构态势信息的现实，建立了基于云—端架构的态势感知模型，能够实现对态势数据的快速处理和深度挖掘，形成可视化的保障态势图；在智能决策环节，针对基于专家系统的智能决策模型推理规则严格、知识库更新困难等弊端，综合运用专家系统与神经网络算法各自在智能决策方面的优势，建立了"并行—融合"结构形式的智能决策模型，提高了智能决策系统的灵活性和敏感度；在保障实施环节，针对人与武器装备结合方式的转变，建立了人机协同保障实施模型，在充分发挥有人平台和无人平台各自优势的同时，充分释放人机协同保障的优势。

（5）建立了基于 GA－RBF 的陆军智能化装备保障效能评估模型。在现代化陆战场，装备保障具有非线性、动态性、整体性等特征，导致传统评估方法无法保证评估结论的稳定性、动态性、客观性。通过将遗传算法

（Genetic Algorithm，GA）与径向基（Radial Basis Function，RBF）神经网络算法相结合，利用遗传算法全局寻优的优势，确定最优的 RBF 神经网络结构参数，构建基于 GA – RBF 神经网络的效能评估模型，对智能化装备保障决策方案进行评估、优选。

关键词：智能化、装备保障、重要度分析、体系构建、体系运行、效能评估

Abstract

At present, military intelligence has become the focus of the world's military powers with the accelerated evolution of war forms to intelligence. The 20th report of the National Congress of the Communist Party pointed out that we must adhere to the integration of mechanization, information and intelligence development. As an important part of military intelligence, intelligent equipment support plays an important role in promoting the integration of mechanization, information and intelligence development in the army, enhancing information and intelligent combat capability. Therefore, it has become an urgent need to accelerate the development of military intelligence to actively promote the study of intelligent equipment support in our military, fill the gaps in theoretical research in this field, guide the construction of intelligent equipment support system, and improve the level of intelligent equipment support.

Within the framework of integrated joint operations, this bosk takes the army intelligent equipment support as the research object, studies the key and difficult problems of current intelligent equipment support, systematically analyzes the basic theory of intelligent equipment support, builds the army intelligent equipment support system on the basis of support demand analysis, explores the construction method and operation mode of intelligent equipment support key models, and proposes the evaluation method of intelligent equipment support effectiveness, which provides theoretical reference and technical support for enriching the theoretical system of intelligent equipment support and promoting the construction of army equipment support. The main research contents of this book are as follows.

(1) Analyzes the concept of intelligent equipment support. Intelligent equipment support, as a new concept of support, whose related theoretical research has not yet got rid of the thinking mode of mechanization and informatization, and there are problems such as one-sided research contents and insufficient depth. Based on the definition of relevant concepts of intelligent equipment support, this book focuses on the analysis of the component elements, development stages, main features, specific ways, status and functions of intelligent equipment support, which enhances the systematicness and comprehensiveness of the basic theory of intelligent equipment support, and provides theoretical support for the subsequent construction and operation of intelligent equipment support system.

(2) Establish the demand analysis model of army intelligent equipment support. Because the traditional equipment support demand analysis method based on expert experience is easily interfered by subjective factors, and there is a lack of correlation analysis between indicators, the reliability and objectivity of the demand analysis conclusions are affected to a certain extent. By using IDEF (ICAM Definition Method) analysis tool and following certain criteria, tasks are decomposed from high level to low level to determine the intelligent equipment support capability indicators. Grey Quality Function Deployment (GQFD) and machine learning theory are comprehensively used to establish an intelligent equipment support demand analysis model based on GQFD + machine learning, and rank the importance weight of support capability indicators.

(3) Build the army intelligent equipment support system. The changes in the elements, specific methods, status and functions of the Army's intelligent equipment support have a certain impact on the elements and logical structure of the equipment support system. On the basis of support demand analysis, combined with the current development stage of intelligent equipment support, using the "man machine environment" system engineering theory, the intelligent equipment support index elements are aggregated and matched according to the "man machine

environment" principle, and three branch systems are constructed, namely, full dimensional real-time state perception, intelligent decision-making of human-computer integration, and support implementation of human-computer collaboration. The process and content of system construction are analyzed, which lays a foundation for the research on the operation and realization of equipment support system.

(4) Design the operation model and implementation mode of the army intelligent equipment support system. The change of the structure and function of intelligent equipment support system will inevitably lead to the change of its operation process and implementation mode. In the aspect of situation awareness, in view of the fact that the traditional situation awareness model is difficult to handle dynamic, massive, multi-source and heterogeneous situation information, a situation awareness model based on cloud end architecture is established to achieve rapid processing and deep mining of situation data; In the aspect intelligent decision-making, in view of the shortcomings of the strict reasoning rules of the intelligent decision-making model based on expert system and the difficulty in updating the knowledge base, the advantages of expert system and neural network algorithm in intelligent decision-making are comprehensively used to establish an intelligent decision-making model in the form of "parallel fusion" structure, which improves the flexibility and sensitivity of the intelligent decision-making system; In the aspect of support action, in view of the transformation of the combination mode of man and weapons and equipment, an implementation model of human-computer cooperative support is established to fully release the advantages of human-computer cooperative support while retaining the respective advantages of manned platforms and unmanned platforms.

(5) Establish the effectiveness evaluation model of army intelligent equipment support based on GA – RBF. In the modern land battlefield, equipment support has the characteristics of nonlinearity, dynamics and integrity, which leads to the traditional evaluation methods can not guarantee the stability, dynamics and

objectivity of the evaluation conclusions. By combining Genetic Algorithm (GA) with Radial Basis Function (RBF) neural network algorithm, the optimal RBF neural network structure parameters are determined by taking advantage of the global optimization of genetic algorithm, and the effectiveness evaluation model based on GA - RBF neural network is constructed to evaluate and optimize the intelligent equipment support decision-making scheme.

Key words: intelligence, equipment support, analysis of importance, system construction, operation of system, effectiveness evaluation

目 录

第1章 绪论 ··· 1
  1.1 研究背景 ·· 1
  1.2 研究定位 ·· 5
  1.3 研究目的及意义 ·· 6
    1.3.1 研究目的 ·· 6
    1.3.2 研究意义 ·· 6
  1.4 国内外研究现状 ·· 8
    1.4.1 装备保障理念方面 ·· 8
    1.4.2 装备保障运行方面 ·· 11
    1.4.3 保障效能评估方面 ·· 14
    1.4.4 研究现状综合评述 ·· 15
  1.5 研究安排 ·· 16
    1.5.1 研究思路 ·· 16
    1.5.2 研究方法 ·· 18
    1.5.3 研究内容 ·· 19

第2章 智能化装备保障认知分析 ·· 21
  2.1 概念界定与辨析 ·· 21
    2.1.1 基本概念界定 ··· 21
    2.1.2 相关概念辨析 ··· 25

2.2 智能化装备保障的内涵 ……………………………………… 29
2.3 智能化装备保障的组成要素 …………………………………… 30
2.4 智能化装备保障的发展阶段 …………………………………… 32
2.5 智能化装备保障的主要特征 …………………………………… 34
 2.5.1 技术形态特征 ……………………………………………… 34
 2.5.2 保障形态特征 ……………………………………………… 36
2.6 智能化装备保障的具体方式 …………………………………… 37
2.7 智能化装备保障的地位作用 …………………………………… 40
2.8 本章小结 ……………………………………………………… 41

第3章 智能化装备保障能力指标重要度分析 ……………… 43

3.1 总体思路与分析方法 …………………………………………… 43
 3.1.1 总体思路 ………………………………………………… 43
 3.1.2 分析方法 ………………………………………………… 44
3.2 智能化装备保障能力指标确定 ………………………………… 46
 3.2.1 陆军作战任务分析 ……………………………………… 46
 3.2.2 保障任务指标分析 ……………………………………… 47
 3.2.3 保障能力指标分析 ……………………………………… 49
3.3 构建专家打分模型 ……………………………………………… 50
 3.3.1 机器学习与BP神经网络 ………………………………… 50
 3.3.2 模型构建 ………………………………………………… 53
 3.3.3 模型应用 ………………………………………………… 55
3.4 建立灰色综合关联矩阵 ………………………………………… 59
 3.4.1 灰色关联矩阵的建立步骤 ……………………………… 59
 3.4.2 任务指标与能力指标的灰色关联矩阵 ………………… 61
3.5 搭建"任务指标—能力指标"HOQ模型 ……………………… 62
3.6 本章小结 ……………………………………………………… 64

第4章 基于人—机—环境理论的陆军智能化装备保障体系构建 65

- 4.1 陆军智能化装备保障体系的构建目标 65
- 4.2 陆军智能化装备保障体系的构建原则 66
- 4.3 人—机—环境理论在智能化装备保障中的应用 67
  - 4.3.1 构成要素分析 68
  - 4.3.2 构成要素聚合 68
- 4.4 陆军智能化装备保障体系构建过程 70
  - 4.4.1 态势感知体系 70
  - 4.4.2 智能决策体系 73
  - 4.4.3 保障实施体系 76
- 4.5 本章小结 80

第5章 陆军智能化装备保障关键模型构建与运行 83

- 5.1 智能化装备保障体系运行基础 83
- 5.2 态势感知模型构建及运行模式 86
  - 5.2.1 态势感知的原理 86
  - 5.2.2 态势感知面临的挑战 88
  - 5.2.3 态势感知模型设计思路 89
  - 5.2.4 态势感知模型的构建 91
  - 5.2.5 态势感知模型的运行 93
- 5.3 智能决策模型构建及运行模式 96
  - 5.3.1 智能决策方法分析 96
  - 5.3.2 云环境下智能决策支持系统 99
  - 5.3.3 智能决策模型的构建 101
  - 5.3.4 智能决策模型的运行 104
  - 5.3.5 案例验证 108
- 5.4 保障实施模型构建及运行模式 111

- 5.4.1 人机协同保障内涵分析 ………………………………… 111
- 5.4.2 保障实施模型的构建 …………………………………… 113
- 5.4.3 保障实施模型的运行 …………………………………… 116
- 5.5 本章小结 ……………………………………………………… 120

第6章 基于 GA-RBF 的陆军智能化装备保障效能评估 ………… 121

- 6.1 智能化装备保障效能评估的内涵 ………………………………… 121
- 6.2 智能化装备保障效能评估的目的 ………………………………… 122
- 6.3 智能化装备保障效能评估的步骤 ………………………………… 123
- 6.4 评估指标体系构建 ………………………………………………… 124
  - 6.4.1 指标体系构建原则 ……………………………………… 124
  - 6.4.2 效能影响因素分析 ……………………………………… 125
  - 6.4.3 建立评估指标体系 ……………………………………… 126
- 6.5 效能评估方法确定 ………………………………………………… 129
- 6.6 效能评估过程分析 ………………………………………………… 131
  - 6.6.1 RBF 神经网络 …………………………………………… 131
  - 6.6.2 效能评估模型 …………………………………………… 133
  - 6.6.3 实验分析 ………………………………………………… 134
- 6.7 本章小结 ……………………………………………………… 140

第7章 推进我军智能化装备保障建设的对策 …………………… 143

- 7.1 加强战略筹划，做好顶层设计 …………………………………… 143
- 7.2 贯彻军民一体，坚持协同推进 …………………………………… 144
- 7.3 突破关键技术，加快力量建设 …………………………………… 145
- 7.4 注重理论研究，创新保障理论 …………………………………… 145
- 7.5 注重硬件建设，加大软件开发 …………………………………… 146
- 7.6 融合军地教育，培养专业人才 …………………………………… 147

第 8 章　总结与展望 ·· 149

　8.1　主要工作总结 ·· 149

　8.2　主要创新点 ·· 150

　8.3　研究展望 ·· 151

附录　效能评估样本数据 ·· 153

参考文献 ··· 157

图 清 单

图 1-1　IDSS 基本结构示意图 ………………………………………… 12
图 1-2　本书的研究思路与内容 ………………………………………… 17
图 2-1　智能分析表 ……………………………………………………… 22
图 2-2　智能化装备保障层次结构分解图 ……………………………… 24
图 2-3　智能化装备保障内涵关联示意图 ……………………………… 30
图 2-4　智能化装备保障发展阶段划分 ………………………………… 33
图 3-1　陆军智能化装备保障能力指标分析流程 ……………………… 44
图 3-2　基于机器学习的 GQFD 方法分析流程 ………………………… 45
图 3-3　智能化装备保障任务指标分析模型 …………………………… 48
图 3-4　智能化装备保障任务到保障能力的映射图 …………………… 50
图 3-5　端到端学习框架图 ……………………………………………… 51
图 3-6　机器学习性能示意图 …………………………………………… 51
图 3-7　BP 神经网络一般结构图 ………………………………………… 52
图 3-8　BP 神经网络三层结构图 ………………………………………… 55
图 3-9　训练样本和测试样本的实际值与预测值对比结果 …………… 58
图 3-10　任务指标—能力指标 HOQ 模型 ……………………………… 62
图 4-1　基于人—机—环境理论的智能化装备保障体系示意图 ……… 69
图 4-2　智能化装备保障体系组成示意图 ……………………………… 70
图 4-3　态势感知体系组成示意图 ……………………………………… 71
图 4-4　智能决策体系组成示意图 ……………………………………… 74
图 4-5　保障实施体系组成示意图 ……………………………………… 76

图 5-1　保障云平台总体架构示意图 …………………………………… 85
图 5-2　智能化装备保障体系运行架构示意图 ………………………… 85
图 5-3　Endsley 态势感知理论模型 …………………………………… 87
图 5-4　不同架构下数据加工过程对比示意图 ………………………… 90
图 5-5　基于云—端架构的装备保障可视化态势感知模型 …………… 92
图 5-6　基于云—端架构的装备保障可视化态势感知运行模型 ……… 94
图 5-7　智能辅助决策系统体系结构 …………………………………… 99
图 5-8　基于专家系统的决策过程 ……………………………………… 100
图 5-9　智能决策支持系统并行—耦合结构示意图 …………………… 102
图 5-10　智能决策支持系统逻辑结构示意图 ………………………… 104
图 5-11　以专家系统为决策基础的耦合过程示意图 ………………… 106
图 5-12　基于神经网络的决策过程示意图 …………………………… 107
图 5-13　以神经网络为决策基础的耦合过程示意图 ………………… 108
图 5-14　神经网络预测值与实际值对比折线图 ……………………… 110
图 5-15　输出值与实际值对比折线图 ………………………………… 111
图 5-16　有人/无人平台人机协同保障模型 ………………………… 114
图 5-17　无人平台的独立运行过程 …………………………………… 115
图 5-18　人机协同保障的运行机理 …………………………………… 116
图 5-19　有人/无人平台协同保障流程 ……………………………… 119
图 6-1　智能化装备保障效能评估步骤 ………………………………… 124
图 6-2　智能化装备保障效能评估指标体系 …………………………… 127
图 6-3　效能评估方法分类 ……………………………………………… 129
图 6-4　RBF 神经网络结构示意图 ……………………………………… 132
图 6-5　基于 GA-RBF 神经网络的保障效能评估流程 ……………… 135
图 6-6　两种方法的适应度值比较曲线 ………………………………… 138
图 6-7　两种模型的预测误差比较曲线 ………………………………… 139

表 清 单

表1-1　主要国家人工智能战略规划 …………………………………… 3
表1-2　各章节对应的研究方法 ………………………………………… 18
表2-1　智能与智慧的区别 ……………………………………………… 25
表2-2　智能化与自动化的区别 ………………………………………… 26
表2-3　信息化装备保障与智能化装备保障的区别 …………………… 27
表2-4　信息化装备保障与智能化装备保障的组成要素的区别 ……… 31
表3-1　两种方法的区别 ………………………………………………… 46
表3-2　智能化装备保障任务指标 ……………………………………… 49
表3-3　智能化装备保障能力指标 ……………………………………… 49
表3-4　指标打分样本表 ………………………………………………… 56
表3-5　特征属性值 ……………………………………………………… 58
表3-6　专家打分模型评分表 …………………………………………… 59
表3-7　智能化装备保障任务指标—能力指标质量表 ………………… 63
表5-1　智能决策方法优缺点比较 ……………………………………… 97
表5-2　专家系统与神经网络辅助决策的优缺点比较 ………………… 98
表5-3　数据样本集 ……………………………………………………… 109
表6-1　两种神经网络的区别 …………………………………………… 131
表6-2　装备保障效能评估训练样本对应的指标值与评估值 ………… 136
表6-3　智能化装备保障评估方案对应的评估值与效能值 …………… 140

第1章 绪 论

随着以人工智能为主导的颠覆性技术在军事领域的渗透应用,军事智能化进入快速发展期,具有智能化特征的信息化作战优势逐渐显现,军队的作战理念、作战方式、体制编制等发生了根本性改变,促使战争形态逐渐从机械化、信息化不断向智能化过渡。加速推进军事智能化发展,抢占军事智能化发展先机,成为当今各军事强国关注的焦点和重要战略课题[1]。本书通过对陆军智能化装备保障相关问题展开系统深入的研究,以期能够对军事智能化在装备保障领域的发展以及快速形成智能化装备保障能力提供参考。

1.1 研究背景

当前,军事智能化逐渐从概念走向现实,不断对国家战略制定、战争形态转变、武器装备升级产生巨大冲击,对装备保障模式由信息化向智能化方向演变形成强大的驱动力。下面从国家战略、战争形态、武器装备三个层面分析开展智能化装备保障相关问题研究的大背景。

(1) 国家战略层面:各个国家竞先抢占军事智能制高点。

以人工智能为代表的颠覆性前沿技术已上升到国家层面,必将为军事智能化的发展提供战略指导,最终形成技术代差和战略威慑。以美国为代表的军事强国竞相发布战略规划,把人工智能视为"改变战争游戏规则"的颠覆性技术,并已提前布局、顶层设计、规划引领,企图抢占新一轮军事制高点。国家层面,美国近年来发布《为人工智能的未来做好准备》《人工智能与国家安全》《国家人工智能研究与发展战略规划》等一系列战略文件，将人工智能提升到国家战略层面，推动人工智能领域前沿技术研究。国防部层面，美国国防部已经把人工智能纳入决策和作战范畴，以此来降低部署兵力面临的风险，并形成军事优势，陆续发布了《使用机器增强智能的策略计划》《国防部人工智能战略概要》，希望借此推动人工智能技术和关键应用能力的发展，加快人工智能战略部署，逐步加强军事智能化发展规划。军兵种层面，在美国国防部人工智能统一战略框架下，美国空军发布了《2019 年空军人工智能战略》，美国海军发布了《海军人工智能框架》。上述一系列战略规划推动美国人工智能顶层布局完成了从国家到国防部，再到军兵种的全覆盖，力争其在人工智能领域的战略领先地位。俄罗斯正在投入相当大的资源，以保持与美国在人工智能军事领域应用竞争中的平衡。尤其是在普京总统发表声明称"谁能成为人工智能领域的领导者，谁就可能主宰世界"之后，俄罗斯不断加快将人工智能系统与无人机、导弹等相结合的步伐。俄罗斯先后出台了《2030 年前人工智能国家发展战略》《2018—2025 年国家武器发展纲要》《2025 年先进军用机器人技术装备研发专项综合计划》等战略规划，明确提出人工智能发展的目标是将人工智能、无人自主技术作为俄罗斯军事技术在短期和中期的发展重点[2~4]。

我国为抢抓人工智能发展的重大战略机遇，加快建设创新型国家和世界科技强国，先后发布了一系列顶层规划。2017 年 3 月，"人工智能"首次写入政府工作报告，进入国家全面实施战略性新兴产业发展规划行列；紧接着陆续推出《新一代人工智能发展规划》《科技创新 2030》《促进新一代人工智能产业发展三年行动计划（2018—2020 年）》，进一步推动人工智能技术、产业、生态发展。2019 年，中央全面深化改革委员会第七次会议通过了《关于促进人工智能和实体经济深度融合的指导意见》，进一步彰显了我国对全面推进人工智能发展的极大重视[5]。

主要国家人工智能战略规划如表 1-1 所示。

表1-1 主要国家人工智能战略规划

国家	战略名称	战略内容	发布机构	发布时间
美国	为人工智能的未来做好准备	建立一个高级研究计划局,用于支撑高风险、高回报的人工智能研究及应用	国家安全与技术理事会	2016.10
	国家人工智能研究与发展战略规划	提出七大战略,如长期投资人工智能研发领域、开发人机协作的有效方法、理解和应对人工智能带来的伦理问题		2016.10
	国防部人工智能战略概要	人工智能驱动的自动化对军事产生巨大影响,制定政策推动AI发展,释放企业和工人创造力	国防科学委员会	2016.12
	人工智能与国家安全	详细剖析了人工智能的发展对美国国家安全的巨大影响及潜在机遇,围绕人工智能技术的国家安全政策提出了3项目标及11项具体建议	情报高级研究计划局	2017.07
	维护美国人工智能领导力	启动"美国人工智能倡议",以从国家战略层面调动更多资源支持人工智能研发,确保人工智能等领域的领先优势	美国总统办公室	2019.02
俄罗斯	2025年先进军用机器人技术装备研发专项综合计划	将人工智能机器人技术作为研发重点,到2025年将智能武器系统占比提高30%以上,未来20年,在智能化、无人技术等方面实现重大突破	国防部	2014.06
	人工智能在军事领域的发展现状及应用前景	未来中短期内,国家间在人工智能等战略前沿技术领域的竞争将引发军事领域的革命,直接影响国家的战略走向,并将对武装力量的建设和使用带来革命性改变	外交和国防政策委员会	2018.01
	2018—2025年国家武器发展纲要	研发和装备智能化武器装备,主要包括空天防御、战略核力量、通信、侦察、指挥控制、电子战、网络战、无人机、机器人、单兵防护等	国防部	2018.01

续表

国家	战略名称	战略内容	发布机构	发布时间
俄罗斯	人工智能十点计划	对未来俄罗斯人工智能的研究工作以及各部门、各机构的协调分工做出了指导性安排	国防部	2018.07
中国	新一代人工智能发展规划	确定人工智能一步走战略：总体水平同步、基础理论创新、世界领先水平	国务院	2017.07
中国	促进新一代人工智能产业发展三年行动计划（2018—2020年）	力争到2020年，一系列人工智能标志性产品取得重要突破，在若干重点领域形成国际竞争优势，人工智能和实体经济融合进一步深化，产业发展环境进一步优化	工信部	2017.12
中国	关于促进人工智能和实体经济深度融合的指导意见	明确要培育发展人工智能新兴产业，推进重点领域智能产品创新，提升终端产品智能化水平	发改委、科技部等	2019.11

（2）战争形态层面：智能技术推动战争形态转变。

作为推动军事革命加速发展的关键性技术，智能技术在军事领域的渗透应用对战争形态的转变产生了全面而深刻的影响，使传统的信息化战争形态逐渐具有了智能化特征[6]。

战争形态与武器装备、军事技术、作战方式密切相关。一般来讲，军事技术影响武器装备功能，武器装备影响作战方式运用，作战方式影响战争形态转变。可以看出，军事技术的发展对战争形态转变起到了关键性的作用。随着以智能化技术为核心的高新技术的发展，尤其是无人技术、物联网、仿生科技等一大批智能技术应用于现代战场，使作战装备、方式、体系发生了质的改变，智能技术逐渐成为推动军事变革、引领军事发展、改变战争形态的主导技术，为军事智能化发展提供了充分持久的客观基础[7]。智能化技术在军事领域的成熟应用，催生出大量的智能武器装备，对机械化、信息化时代的作战思维和作战手段等方面产生了巨大影响，涌现了"多域作战""无人作战""蜂群作战"等新型作战形态的雏形，预示着战争形态加速向信息化战争的高级阶段——智能化战争转变。

(3）武器装备层面：具有智能化特征的武器装备优势逐渐显现。

武器装备技术含量直接影响战斗力的生成。随着云计算、机器学习、5G通信等高新技术与武器装备的深度融合，武器装备的研发、生产、运用等环节受到巨大影响，传统的机械化、信息化武器装备平台逐渐成为软件算法、控制系统等智能装置的载体，武器装备的态势感知、信息融合、自主决策和行动协同等能力大幅提升，并加速向远程精确化、自动化、多能化、无人化方向发展，使其跨域协同、自主重组逐渐成为现实。

具有智能化特征的武器装备在近年来的几场局部战争中得到了检验，其能够有效减少战斗人员伤亡，同时使作战效能的优越性也得到显现。在阿富汗战场，美军将无人智能装备投入战场，为取得战场优势发挥巨大作用。尤其是将"捕食者""全球鹰""死神"等无人机、"大狗"机器人运用到实战中，大幅减少了人员伤亡[8]。在叙利亚战场，俄罗斯在执行前线作战、后勤保障等任务中，在空中投入了多架无人机，在地面使用了"平台-M"战斗机器人等智能化无人装备，并很好地执行了以无人智能装备为主要装备的作战任务[9]。同时，从阿塞拜疆运用无人机对亚美尼亚的坦克进行了摧毁性打击，美军运用无人机点杀苏莱曼尼等一系列运用智能装备执行作战任务的事例可以看出，智能化武器装备正在广泛运用于现代战场，将逐渐成为未来战场的主角[10]。

1.2 研究定位

在体系作战框架内，采用超前预想、超前布局的视角，以陆军装备保障全局为着眼点，以当前智能化技术与军事应用程度处于点状介入阶段、智能化程度处于较低水平的实际为研究基础，以陆军智能化装备保障活动为研究对象，结合智能化装备保障的发展态势和演化机理，在对现有研究成果分析总结的基础上，从宏观层面展开对智能化装备保障建设发展的构想与探索。研究重点涉及智能化装备保障认知基础、保障体系构建、关键环节模型构建与运行，以及保障效能评估等核心内容。其中，智能化装备保障运行过程主要包括态势感知、智能决策、保障实施等环节，通过构建对应的仿真模型，分析智能化装备保障关键环节的运行过程。

1.3　研究目的及意义

装备保障是保持和恢复部队战斗力的重要手段，是现代战争不可或缺的重要因素。陆军使命任务的拓展、武器装备的升级、智能技术的发展，给陆军装备保障转型发展带来了巨大机遇和挑战。

1.3.1　研究目的

（1）丰富陆军装备保障理论体系。

智能化装备保障理念是适应智能化条件下现代化战场的需求和特点，提出的一种全新装备保障理念。对其概念内涵、组成要素、发展阶段、主要特征、具体方式、地位作用等进行详细解析，研究内容能够填补该领域的研究空白，进一步丰富陆军装备保障理论体系。

（2）完善陆军智能化装备保障建设内容。

根据陆军智能化装备保障能力需求分析，明确保障体系的建设重点和方向，运用基于人—机—环境系统工程理论构建智能化装备保障体系，将复杂的体系构建问题转化成体系组成要素匹配和结构设计问题，最终实现智能化装备保障体系的工程化构建，进一步完善陆军装备保障体系内容。

（3）指导陆军智能化装备保障运行实践。

通过对智能化装备保障态势感知、智能决策、保障实施等关键环节的运行过程和实现模式的分析设计，探索保障体系中影响效能释放的关键因素和关键环节，为陆军智能化装备保障运行实践提供理论指导。

1.3.2　研究意义

近年来，随着智能技术的飞速发展，以及其在装备保障领域的广泛应用，促使装备保障理念、方式、手段不断改变。系统研究智能化装备保障相关问题，对于打赢具有智能化特征的信息化战争，促进军事智能化发展，推动智能化装备保障建设都具有重要意义。

(1) 智能化装备保障是适应新军事变革的必然选择。

随着智能技术与军事领域的融合程度不断增加,现代化陆战场向装备无人化、力量一体化、人机协同化方向加速转变,涌现了"全域作战""分布式杀伤""云作战"等新型作战方式[11]。新的作战方式必然需要新的装备保障支撑,因此智能化装备保障应运而生。智能化装备保障适应战争形态的转变,充分利用了智能技术在装备保障领域带来的渗透效应,在装备保障活动的感知、决策、实施等关键环节中注入智能化的元素,使装备保障适应不断革新的军事需求。从近几年局部战争的保障形势看,智能化装备保障的优势已经显现,已成为适应新军事变革的必然选择。

(2) 智能化装备保障是一体化联合作战的迫切要求。

一体化联合作战是开展智能化装备保障相关问题研究的大环境。一体化联合作战是体系与体系之间的对抗,为保证武器装备体系能够根据作战需要在广域的作战空间进行快速重组、保持和恢复,必须使装备保障跟上作战节奏,在提升装备保障精确性、高效性的同时,加快装备保障能力的整合与释放。智能化装备保障着眼于提升一体化联合作战能力需求,彻底改变了传统的金字塔型装备保障信息传输网络结构,其采取"云—网—边—端"的总体架构,超越隶属关系和军种界限,使处于战场不同位置的人员、物资、装备等要素有序高效链接,实现装备保障内部诸要素的聚合,外部相关作战和保障要素的联通,促进装备保障信息实时共享,不同空间、不同形式的效能聚合,形成泛在互联、精准赋能的网络信息体系,大幅提升装备保障能力,在一定程度上能够满足一体化联合作战条件下的装备保障需求[12]。

(3) 智能化装备保障是创新装备保障理论发展的有益探索。

智能技术物化出的武器装备,其内部构造、运行原理、运用方式、功能释放与机械化、信息化武器装备之间存在很大区别,致使其日常维护、战场抢修等方式、时机发生新的变化[13]。装备保障应着眼于作战的现实需求,不断探索和创新装备保障理论。对智能化装备保障的研究针对的是现代陆战场装备保障面临的新情况、新问题,旨在以全新的理念和视角来研究智能化条件下装备保障体系的构建与运行。通过对智能化装备保障的基本概念、组成要素、主要特征等基本理论的研究，厘清智能化装备保障建设的内容和方向，形成具有智能化特征的保障理论。从目前发展状况看，装备保障仍处于机械化、信息化、智能化混合发展阶段，机械化、信息化是基础，智能化是延续，对智能化装备保障的研究，对于推动装备保障理论创新发展是一种积极的探索。

（4）智能化装备保障是加速装备保障转型重塑的客观需要。

当前，信息化战场的智能化元素不断增多，作用不断增强，新型作战样式大量涌现[14]。战场争夺的焦点已不再是传统意义上的体能、技能、信息能的对抗，而是不断向智能领域快速演变，更加注重智能对战斗力生成的倍增效应。智能因素加持的战场，迫切需要具有智能化特征的装备保障提供支撑。作为军事智能化的重要组成部分，智能化装备保障将"智能"物化到装备保障的各个环节，保障主体、客体、工具等基本组成要素发生了质的变化，丰富了传统装备保障体系的建设内容。同时，智能化装备保障重塑了装备保障理念，扩充了装备保障职能，拓展了保障范围，更新了保障方式，逐渐成为装备保障转型重塑的助推器。

1.4　国内外研究现状

目前，智能化装备保障的优势逐渐显现，智能化装备保障相关问题的研究已成为军事强国关注的焦点。本节根据研究内容，从装备保障理念、装备保障运行、保障效能评估三个方面，对国内外研究现状进行梳理总结。

1.4.1　装备保障理念方面

为适应军事变革需求，美军和俄军十分重视装备保障理念的研究和应用，不断从战争中总结装备保障的得与失，加强保障理念的实践检验与自我革新，提出了一系列装备保障理念[15]。

美军的保障理念更加贴近作战需求，且更新速度较快。其发动的每一次战争，都是对现有保障理念的检验，也是提出新保障理念的基石。

（1）聚焦后勤。海湾战争后，美军对后勤保障的得失进行总结，形成了

"聚焦后勤"保障概念[16]。该理念与传统的"配送式后勤"理念的主要区别是聚焦后勤具有较高的聚焦性和集约性,通过采取对保障过程的控制调度,实现在准确的地点、准确的时间,供应数量准确的物资,实现后勤保障由以人力为主向以科技为主、由粗放型向集约型的转变[17]。

(2) 精确后勤。在伊拉克战争中,美军参考现代物流思想和企业管理运行模式,提出了"精确后勤"保障理念[18]。该保障理念的主要特点是精确保障,保障人员能够根据战场后勤保障需求的变化,动态调整保障的组织结构和运行流程,提高后勤保障的敏捷度,大幅提升了美军核心保障能力,缩减了后勤保障经费开支。

(3) 感知与响应后勤。美军汲取伊拉克战争后勤保障的经验教训,提出了"感知与响应后勤"保障理念[19]。该理念主要依靠动态的后勤保障应对各种各样的战场需求[20]。通过构建跨域的供应与保障网络,强化作战需求与保障资源之间、保障各要素之间的信息共享,为快速直达保障提供支撑,使美军后勤保障的机动性、适应性更强[21]。

(4) 联合后勤。近年来,美军根据局部战争的特点,以及作战任务的实际需要,在总结以往后勤保障优势与不足的基础上,提出了"联合后勤"保障理念。该理念的核心思想是在联合作战条件下,通过整合不同建制、不同区域、不同种类的装备保障资源,实现保障资源的联合协调和共享共用,为联合作战提供更加便捷、精确、集约的装备保障[22]。

近年来,俄军同样注重保障理念的创新研究,根据"军事转型"发展需要,先后提出了符合本国经济政策和军事战略的保障理念[23]。

(1) 区域联勤保障。俄军按区域划分保障力量,根据保障任务的位置,调动所在区域内的保障力量,实施保障行动。依据这种保障思路,由区域后勤部负责该区域内的不同建制、不同军兵种的保障力量管理和调度,组织该区域内所有保障力量的训练和战备,并负责遂行该区域内的保障任务[24]。

(2) 立体直达保障。俄军为提高装备保障效率,在参照美军先进保障理念的基础上,提出了具有快速机动、立体配送特点的立体直达保障方式[25]。与传统的依靠强化战备训练和大量物资储备的后勤保障方式不同,立体直达保障更加注重保障过程的快捷性、时效性,大幅提高了保障效率。

(3) 优先式保障。针对现代局部战争中后勤保障单元多样、保障区域广泛、任务繁重等现实问题,通过整合优化隶属不同军兵种、分布不同地域的保障资源,依据不同的战略、战役、战术地位,按照"集约、高效、准确"的保障要求,根据作战意图和主攻方向,划分保障优先级,准确把握保障重心,统筹精干保障力量,针对作战的关键环节和进程,发挥最大的保障效能[26]。

(4) 模块化伴随保障。俄罗斯为提高保障力量的快速响应能力,采用模块化编组形式对保障力量进行改革重组,使其能够根据作战任务需要,灵活编配保障实体,以轻型机动的模块化保障力量实施敏捷高效的保障行动,克服了传统伴随保障过程中依靠兵站辐射、逐级支援带来的机动性差、应变能力弱的缺陷。模块化伴随保障能够很好地满足保障地点、时间、规模不确定的保障任务需求[27]。

我国对于装备保障理念的研究主要是基于近几年局部战争中装备保障的经验总结与启示。进入新世纪后,我国的装备保障理念研究取得了不少成果,但由于缺乏装备保障实践经验,研究成果还需不断深化和论证。

(1) 信息化时代装备保障理念。在信息化时代,我国装备保障理论强调信息的主导作用,加强了信息化网络和系统的建设,保障信息是一切保障行动的基础,以保障信息为导向,将保障物资、人员、技术等资源在适当的时间,投送到适当的地点,大幅提升信息化保障能力[28]。

(2) 一体化作战装备保障理念。该保障理念以一体化作战为基础,注重信息集成和力量协同。一体化保障通过信息网络将指挥控制系统、装备保障系统等链接成一体,加强不同系统间的信息互联互通,对作战区域内的装备保障力量进行统一的调度,实施一体化的保障[29]。

(3) 多样化任务装备保障理念。为应对军事任务的偶然性、突发性,我军将核心保障能力和应急保障能力作为建设重点。在平时强化战备和训练,提升遂行多样化装备保障任务的能力储备,同时,针对不可预知的保障任务,建设应急保障力量,提高应急处突能力,形成了一套适合我军发展的多样化任务装备保障理论[30]。

(4) 军民融合式装备保障理念。该理念强调两个方面,一是加强人才引进和技术融合；二是将保障力量、保障资源、保障技术储备在民间。在平时，增加军民交流合作，将各种技术标准、制造标准、物资标准等进行融合统一；在战时，扩大民转军的渠道，增加军事装备保障力量，提升装备保障能力[31]。

1.4.2 装备保障运行方面

装备保障的运行与实现过程主要包括态势感知、智能决策、保障实施三个方面，因此，以下从这三个方面对研究现状进行梳理。

1.4.2.1 态势感知方面

态势感知是支持辅助决策的关键环节，是进行智能决策的前提[32]。在复杂的战场环境中，感知信息具有多源性、异构性、涌现性，需要从海量信息中挖掘出隐藏的有价值的信息，为指挥人员预测战场发展态势、做出正确决策提供依据。国内外针对装备保障态势感知的研究相对较少，可从其他领域态势感知的论述中获取相关经验启示。

国外对态势感知的研究侧重于态势评估、智能认知两个方面。美国的 Cohen M. S. 等人在文献［33］中将专家意见与战场态势评估应用框架相结合，针对不同的态势感知目标，提出了三种侧重点不同的态势评估方法，但这三种方法都具有一定的局限性，且兼容性差。Juarez－Espinosa O. 等人在文献［34］中利用 ATR－C 框架协议，对战场态势评估模型进行了分层、分阶段设计，并对分层态势评估进行了模拟仿真，验证了其实用性和科学性。美国学者为了实现对感知数据的处理，设计了利用贝叶斯惩罚似然法（Bayesian Penalized Likelihood，BPL）构建的智能认知系统，该方法使用的训练样本较少，摆脱了传统方法对大量数据样本的需求[35]。

我国在态势感知领域的研究大多是结合具体的应用需求展开的。杨璐等人在文献［36］中提出，在海战防空作战中，态势感知是一个复杂且关键的环节，通过分析防空态势评估的特点，运用深度学习算法，设计了态势评估模型。廖鹰等人在文献［37］中运用深度学习算法构建态势感知模型，采用非线性逼近的处理方法，对复杂的战场态势数据快速分析处理，实现对态势的理解和预测。朱丰等人在文献［38］中将深度学习应用到态势感知领域，利用深度学习强大的计算能力,在分析深度学习与大数据相关性的基础上,阐述了在态势感知领域深度学习的功能与优势,提出了基于深度学习的态势感知模型及实现路径,有助于对战场态势的深度理解。欧微等人在文献[39]中分析了感知目标所具有的时序特征,结合栈式自编码器的功能,设计了目标状态识别模型,用于分析、预测目标的状态变化,并通过改变模型参数对目标状态预测的成功率进行验证。王梦迪等人在文献[40]中将贝叶斯逻辑性强的特点应用于态势感知过程中,设计了基于贝叶斯网络方法的网络态势感知系统,以提高特征提取、态势评估的有效性和稳定性。

1.4.2.2 智能决策方面

智能决策支持系统(Intelligent Decision Support Systems,IDSS)是在决策支持系统的基础上,充分发挥智能技术在态势预测、归纳演绎、逻辑推理等方面的优势,在决策过程中添加智能因子,能够自动生成决策方案的支持系统[41]。决策支持系统一般由数据库、模型库、方法库等子系统组成。在决策支持系统的基础上,增加推理机、知识库和问题处理与人机交互系统,就形成了简单的智能决策支持系统。其基本结构示意图如图1-1所示。

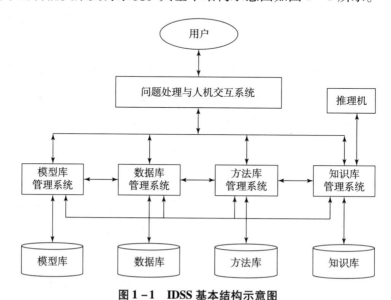

图 1 – 1　IDSS 基本结构示意图

Figure 1 – 1　Basic structure diagram of IDSS

美军在智能决策领域的起步较早,且研究成果较为丰富。美军在 2004 年开展了智能决策项目 RAID 的研究,目标是根据战场情况的变化,能够迅速地做出智能决策,调整作战方案[42]。2007 年,美国国防部高级研究计划局(DARPA)研发了基于人工智能的"深绿"系统[43]。其目的是重塑指挥决策体系,通过将智能技术引入到指挥决策过程中,预测瞬息变化的战场态势,智能生成供指挥员参考的备选方案。2012 年,美国研发了"指挥官虚拟参谋"系统,其目的是利用智能算法处理感知数据,深度理解战场态势,主动提出个性化的参考方案,为指挥官进行决策提供支持[44]。2016 年,美国研发了代号为"阿尔法"的智能决策系统,并成功应用于模拟对抗中,取得了很好的作战效果[45]。与人脑决策相比,该系统的决策速度快、效率高,态势感知—智能决策—作战行动的过程远远超出人类,大幅提高了决策效率,使作战效能得到了快速释放。

近年来,随着人工智能技术的不断发展,我国许多专家学者对智能辅助决策进行了大量研究,并取得了显著成果。研究内容主要以专家系统、智能算法为基础,根据不同需求构建相应的智能决策模型。在专家系统方面,原解放军理工大学设计了多库结构的辅助决策模型[46],该系统能够快速地推演出生成方案—模拟过程—效能评估的全过程,大幅降低了人为决策时间;军事科学院设计了基于规则推理的辅助决策系统,代号"进攻一号"[47],该系统是典型的专家系统,通过建立大量的推理规则和机制,完成态势判断—生成方案的过程;丁国勤等人在文献[48]中针对专家决策系统中决策规则更新困难的问题,运用粗糙集理论对已经验证的决策知识进行简化提取,得到简化的"条件—决策"规则集,解决了专家系统规则库的更新问题。在智能算法方面,王壮等人在文献[49]中分析了指挥决策系统的特征,并在此基础上,将深度学习的"价值—策略"特性运用到非线性的指控系统中,提升了系统的智能决策水平;荣明、周来等人在文献[50-51]中采用与 AlphaGo 类似的原理,分别利用价值网络、蒙特卡洛算法,从战场博弈的角度设计了智能决策模型。在国防大学,设计成型的"兵棋推演系统",能够根据战场态势的需要提供决策辅助支持[52]。随着大数据、云计算、神经网络等智能技术逐渐应用于智能决策系统,决策系统的推理、判断和决策能力大幅提升。

1.4.2.3 保障实施方面

随着武器装备智能化程度的提高，人机协同逐渐成为复杂战场环境下一种全新的保障行动模式，自从其被提出后就受到各军事强国的广泛关注。当前，对人机协同保障行动的研究相对较少，但可以从其关于作战领域人机协同的研究中得到启示。

美军对人机协同的研究起步较早，先后提出了分布式杀伤、空间分散体系结构等协同理念[53]。近年来，美军"第三次抵消战略"将人机协同列为关键军事技术之一，相继提出了忠诚僚机、战术管理系统、SMSS 班组任务支援系统、拒止环境中协同作战等协同试验项目[54]。其中，忠诚僚机项目是通过有人战机对无人机实行远程操控，使有人/无人机混合协同编组，提升各自的作战能力，以适应不断变化的作战任务需求。俄罗斯也加强了人机协同作战的研究，2019 年，俄罗斯开展了"苏－57"战机与"猎人"无人机的协同作战飞行试验，在试验中，对有人/无人机的职责划分、远程控制、相互配合、协同攻击等科目进行了重点研究[55]。

我军对人机协同作战的研究起步较晚，研究内容主要集中在人机协同理论方面。李雄等人在文献［56］中以目标中心战保障任务为目标，从复杂自适应的角度，对保障指挥方式进行创新，并分析了人机协同感知、决策的运行机理。牟俊铭等人在文献［57］中将协同看作自组织的一种形式和手段，并将自组织协同的范围从装备保障力量的内部关联拓展到军民融合等系统的外部关联，依据各保障力量之间形成的耗散结构，实现自组织协调优化。王利利等人在文献［58］中分析了有人/无人机编组协同的战略优势和组织架构，对有人/无人机编组协同的运行模式和流程做了系统阐述，并结合科技发展与作战需求预测了其发展趋势。樊锐等人在文献［59］中在对美军人机协同重点项目进行介绍的基础上，研究了人机协同的关键技术、典型模式和运行流程，并分析了人机协同行动的发展趋势。

1.4.3 保障效能评估方面

效能评估是检验装备保障效能释放程度的重要手段，是当前各军事强国研究的重点之一。国内外专家结合本国军事需求,对效能评估开展了深入细致的研究工作。

美军效能评估的对象主要是体系效能,评估手段和侧重点也逐渐向智能化方向发展。Nassar B. 等人在文献[60]中运用主成分分析法对卫星系统的运行状态、剩余寿命进行预测,并取得了很好的预测效果。美国宇航局采用 K-means 聚类算法对在轨运行的航天零部件的完好状态进行了评估[61~62]。美国 Sandia 国家实验室将有监督的神经网络算法应用到数据挖掘中,通过建立神经网络模型,对飞行器的运行状态进行了评估[63]。

我国对效能评估的研究侧重评估方法:一是传统评估方法。传统评估方法被广泛应用于解决实际问题中。游赟等人在文献[64]中建立了可拓层次分析的迭代模糊综合评估模型,对储气库压缩机组零部件健康状态进行了评估;邵杰在文献[65]中提出了改进的数据包络分析法,对评估指标原始数据进行分析,实现了对部队信息化作战能力的评估;何帆、秦海峰等人在文献[66-67]中运用 GQFD 评估方法分别对新型装甲防暴车战技性能、航天装备维修保障能力的重要度进行了评估,较之传统的侧重于经验判断和主观推理的分析方法可靠性更高。二是新型评估方法。近年来,国内学者根据军事领域的实际需要,将一些新兴方法应用到效能评估中,得到了较好的评估效果。徐斐等人在文献[68]中利用遗传算法寻优速度快、BP 神经网络计算能力强的优势,构建了基于 GA-BP 神经网络的雷达网抗干扰效能评估模型,提高了评估的准确性、有效性;陈侠等人在文献[69]中提出了一种将粒子群算法(Particle Swarm Optimization,PSO)与 BP 神经网络算法结合的效能评估方法,有效地解决了无人机空地作战效能评估模型收敛速度慢的问题。

1.4.4 研究现状综合评述

通过对装备保障理念、运行实现、效能评估等研究现状的分析,可以看出,国内外对智能化装备保障理论与实践都进行了有益的研究和探索,取得了一大批研究成果。认真分析国内外研究现状可以看出,当前对智能化装备保障相关问题的研究还存在一些不足。

(1)保障理念方面。通过对国内外装备保障理念的梳理,当前对装备保障理念的研究,多是以机械化、信息化为基础展开的,虽然保障理念在不断的创新发展,但是尚未形成智能化装备保障理念。根据保障理念发展趋势,智能化装备保障理念将成为研究重点,目前我军对智能化装备保障的研究,特别是关于其本质内涵、主要特征、地位作用、保障方式、运行机理等具体问题还没有完全搞清楚,现有的理论研究成果尚未彻底摆脱机械化装备保障理念的束缚,距离构建体系化保障理论相差甚远。

(2) 保障运行实现方面。随着智能化装备的广泛应用,传统的装备保障模式的灵活性和时效性较差,难以适应瞬息万变的战场环境,造成战时装备保障活动效能较低。首先,保障态势感知方面,感知手段比较陈旧,感知数据的处理方法、保障态势的呈现都有待进一步改进优化。同时,大部分研究侧重于技术追踪研究,缺乏整体视角,易造成"技术孤岛"。从研究现状中还可以看出,综合运用机器学习、大数据等技术处理态势感知问题是当前研究的热点,也是态势感知的发展方向。其次,对智能决策的研究大部分是基于静态数据的决策。现代化陆战场强调体系之间的对抗,战场态势瞬息万变,海量动态的新鲜战场信息不断涌现,需要决策系统对作战全过程提供决策支持,而不仅仅基于历史数据、静态数据、战后数据的决策[70]。随着神经网络应用于智能决策系统研究的展开,提高了智能决策水平,但其决策模型的训练过程需要大量样本,仍是决策系统面临的发展瓶颈。最后,关于人机协同的研究主要侧重于作战领域人机协同的研究,主要研究内容包括具体试验项目和相关协同理论,对有人平台与无人平台之间协同保障行动的具体运行过程研究较少。

(3) 保障效能评估方面。国内外对效能评估的研究仍以传统评估方法应用为主,尚未摆脱传统评估思想的束缚。虽然传统的效能评估算法简单、易于操作、范围明确,但是由于陆战场环境复杂、评估指标多、评估数据量大,导致效能评估结论的可靠性较低。随着大数据、神经网络等技术的发展,利用智能算法构建效能评估模型,能够较好地适应新的评估需求,逐渐成为主要的评估方法。

1.5 研究安排

1.5.1 研究思路

陆军智能化装备保障问题研究是一个复杂的系统工程,本书以当前陆军智能化装备保障问题为研究的逻辑起点,针对装备保障活动过程中的态势感知、智能决策、保障实施、效能评估等关键环节的智能化建设为着眼点,采取总—分—总式结构,按照提出问题、分析问题、专题研究、总结归纳的逻辑顺序展开。本书的研究思路与内容如图1-2所示。

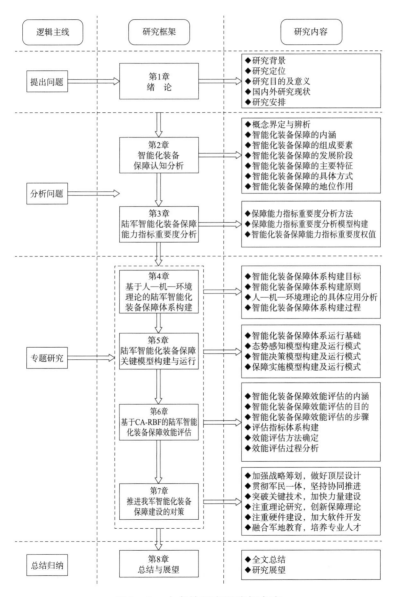

图1-2 本书的研究思路与内容

Figure 1-2 Research ideas and contents of the book

"提出问题"是探寻问题所在、确定研究对象。明确陆军智能化装备保障的研究背景、目的和意义，梳理相关概念，找准存在的问题，确定研究范围（第1章内容）。

"分析问题"主要解决"为什么"的问题。挖掘智能化装备保障的内在本质、主要特征、地位作用等相关内容；从当前陆军使命任务出发，分析装备保障能力需求，确定智能化装备保障需要重点建设的保障能力（第2、3章内容）。

"专题研究"主要解决"怎么办"的问题。根据智能化装备保障的基本理论和需要重点建设的保障能力，提出陆军智能化装备保障体系的构建设想；通过构建智能化装备保障关键模型，分析装备保障关键环节的运行过程，并对装备保障效能进行评估，发现保障体系建设中的薄弱环节，进一步强化装备保障链条（第4、5、6、7章内容）。

"总结归纳"主要是对全文工作进行的总结，对下一步研究进行展望（第8章内容）。

1.5.2 研究方法

在研究过程中，在总结研究现状的基础上，针对不同章节的研究特点和实际需求，采用多种传统方法叠加、传统方法与智能技术相结合、多种智能算法融合等方式对研究方法进行了改进创新，使结论的实用性、客观性、有效性得到显著提高。研究方法主要集中在基础理论、需求分析、体系构建、运行实现和效能评估五个部分。在研究过程中，针对这五个部分采用的研究方法如表1-2所示。

表1-2 各章节对应的研究方法

Table 1-2 Research methods corresponding to each chapter of the book

研究部分	对应章节	采用方法和技术
基础理论	第2章	系统分析法、比较分析法、归纳演绎法
需求分析	第3章	条件映射法、机器学习法、IDEF法、GQFD法

续表

研究部分	对应章节	采用方法和技术
体系构建	第4章	体系工程法、模块分析法、人—机—环境理论方法
运行实现	第5章	机器学习法、UML工程法、专家系统法、神经网络法、系统工程方法
效能评估	第6章	径向基神经网络、遗传算法、解析法

1.5.3 研究内容

依据上述研究思路和研究方法，确定各章节的研究内容如下：

第1章：绪论。介绍智能化装备保障的研究背景、研究目的及意义，明确研究范围，分析国内外研究现状，确定研究内容和研究思路。

第2章：智能化装备保障认知分析。阐述智能化装备保障的相关概念、内涵、组成要素、发展阶段、主要特征、具体方式和地位作用等内容，加深智能化装备保障基础理论的初步认识。

第3章：陆军智能化装备保障能力指标重要度分析。以作战任务为出发点，沿着作战任务—装备保障任务—装备保障能力的路径逐步映射，实现智能化装备保障任务指标和能力需求指标的具体化和明确化。综合运用灰色质量功能展开法和机器学习理论，建立基于GQFD+机器学习的智能化装备保障需求分析模型，确定智能化装备保障能力指标重要度权值。

第4章：基于人—机—环境理论的陆军智能化装备保障体系构建。阐述陆军智能化装备保障体系构建目标、构建原则，运用"人—机—环境"系统工程理论，分析智能化装备保障体系中人、机、环境要素的变化，结合保障能力需求分析结论，对保障体系构成要素进行聚合、匹配分析，并详细阐述智能化装备保障体系的构建过程和内容。

第5章：陆军智能化装备保障关键模型构建与运行。明确智能化装备保障运行的基础，依据智能化装备保障体系的内容，建立装备保障态势感知、智能决策、保障实施模型，并分别对各模型的运行过程进行分析。

第6章：基于GA-RBF的陆军智能化装备保障效能评估。阐述智能化装备保障评估的内涵和目的，明确效能评估的方法步骤，分析装备保障效能影响因素，构建智能化装备保障效能评估指标体系。通过将遗传算法全局寻优的优势与径向基神经网络算法相结合，建立基于 GA – RBF 神经网络的效能评估模型，并运用评估模型对智能化装备保障活动方案进行评估优选。

第 7 章：推进我军智能化装备保障建设的对策。

第 8 章：总结与展望。对主要完成的工作和创新点进行归纳总结，对需要改进的地方和有可能的发展趋势进行展望。

第2章 智能化装备保障认知分析

当前,战争形态的转变、武器装备的发展、作战样式的变化和科学技术的进步,必然催生装备保障理念的变革。智能化装备保障理念是面向一体化联合作战保障任务和保障需求提出的,是在智能技术加持下对装备保障理论的一种创新。本章对智能化装备保障基本理论进行了全面梳理归纳,特别是对智能化装备保障的概念、内涵、组成要素、发展阶段、主要特征、具体方式、地位作用等内容进行了详细阐述。

2.1 概念界定与辨析

概念是构成科学理论体系的基石,能够反映出研究对象的本质属性,是思维的起点。厘清概念是进行后续相关研究的前提条件。

2.1.1 基本概念界定

"军事智能化"术语已被广泛应用,但并没有给出相关概念的确切定义。通过查阅相关文献、图书等资料,结合具体的研究内容和范围,对所涉及的智能、智能化、智能化装备保障、陆军智能化装备保障等概念进行梳理界定,并对相关概念进行系统辨析,以期为后续研究工作提供理论支撑。

2.1.1.1 智能与智能化

关于"智能"的定义主要有以下几种观点:《汉语大辞典》中对智能的定义包含两层含义:智谋与才能、才能。林聪榕等人在文献[71]中认为智能是指智慧和能力,是运用知识、经验等认识事物、解决问题的能力。以此为基础,阐述了智能的产生与发展,从内容、形式、功能三个方面介绍了智能的基本结构,并对智能的组成要素进行了系统分析。胡志强等人在文献[72]中从智能决策的角度出发,认为智能是对外部环境或情境做出正确响应的能力,并将这种能力归于高级生物长期受环境影响而进化的结果。将智能在决策领域的主要体现归纳为提出问题、解决问题的能力,并依据能力的大小将智能分为计算智能、感知智能和认知智能三类。刘伟在文献[73]中认为智能是由行为能力和语言表达能力两部分融合而成,智能一般具有如图2-1所示的几种能力。

图2-1 智能分析表

Figure 2-1 Analysis table of intelligence

通过总结分析上述观点,结合当前智能技术发展实际,我们认为智能是指运用智能化技术,某一装备或事物具备学习能力,能够独立地分析问题、解决问题,且能够对外部环境的变化及时做出响应。

智能化关键是一个"化"字。按照《现代汉语词典》的解释,"化"主要指变化的程度,表示某事物发生转变的状态或比例,如工业化、机械化。这种变化或转变是指事物的状态发生指向性转变的程度,是一种全新的、本质的、从里到外、彻头彻尾的变化。按照有关专家的研究成果,一般达到67%以上,也就是说2/3以上,就可称之为"化"[74]。

关于智能化的概念界定,袁艺在文献[75]中借鉴机械化、信息化的定义,认为智能化是在信息化基础上,以智能技术为手段,不断提升装备的智能水平,使其具备一定的自主解决问题的能力。张承宗等人在文献[76]中认为智能化是信息化发展的高级阶段,是指在以智能技术为主导技术的支持下,研发能够替代人脑或者延伸人脑的系统,能动(不是被动)地满足人的有关需求的手段或过程。

综合以上观点,本书认为:智能化是在信息化的基础上,综合运用智能技术,使某一事物具备一定的自主理解、认知、解决实际问题的能力,实现延伸、模拟或拓展人类智能的过程。

2.1.1.2 智能化装备保障

对智能化装备保障概念的界定，建立在智能化和装备保障概念理解的基础上。《中国人民解放军军语》对装备保障的解释如下：装备保障是指军队为完成特定的作战任务，对武器装备的调配、维修等进行的保障[77]。《中国军事百科全书》中认为装备保障是根据作战任务需要，对武器装备进行的一系列保障性活动[78]。另外，赵武奎在《装备保障学》、李智舜与吴明曦在《军事装备保障学》，以及孔令茂在《战术装备保障学》中都给出了装备保障独特的定义。可以看出，随着装备保障理论的不断完善，专家学者在不同阶段根据不同的作战任务需要，提出了具有时代特色的装备保障概念。根据现代陆战场的需要，我们对装备保障的定义更加倾向于孔令茂给出的定义，即在某一范畴内武器装备的维修保障、器材保障和指挥控制活动。

关于智能化装备保障的概念，叶跃胜在文献［79］中认为智能化装备保障是指在装备保障指挥、检测诊断、装备管理、装备维修、器材弹药保障等保障过程中，添加智能化因子，提升其保障能力的过程。杜军影等人在文献［80］中将智能化装备保障定义为：综合运用智能技术和智能理论来组织装备保障活动的统称，是依据现代化战争的特点，依托智能化的技术和装备，为作战任务提供具有智能化特征的保障。

结合以上对智能化装备保障定义的阐述，在智能化和装备保障定义的基础上，本书将智能化装备保障定义为在信息化装备保障的基础上，运用智能化的理论、方法和技术组织实施装备保障活动的过程，重点研究在保障态势感知理解、指挥决策生成、保障行动实施、保障效能评估等过程中模拟、延伸和拓展人类智能，提升各类保障平台、装备和系统的智能化水平，形成具有智能化特征的装备保障活动。

可以从三个方面对智能化装备保障概念做进一步阐述：按照智能层级，随着智能化程度不断提高，装备保障的智能化水平沿着由低级智能、中级智能，逐渐向高级智能的方向发展；按照空间层级，装备保障活动的战场空间由机械化时代的物理空间、信息化时代的信息空间逐渐向智能化时代的认知空间拓展;按照要素层级,智能化装备保障活动可以划分为保障态势感知理解、指挥决策生成、保障行动实施、保障效能评估。其层次结构分解图如图2-2所示。

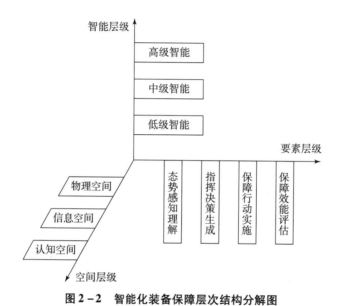

图2-2 智能化装备保障层次结构分解图

Figure 2-2 Decomposition diagram of hierarchical structure of intelligent equipment support

2.1.1.3 陆军智能化装备保障

陆军装备保障是军事装备工作的重要内容,是陆军部队持续保持作战能力的关键要素。关于陆军装备保障,《中国军事百科全书》中的定义为针对陆军作战任务的特点和需要,对陆军武器装备进行的各种保障活动。

根据陆军装备保障、智能化装备保障的定义,结合研究的主要内容,本书认为陆军智能化装备保障是为满足陆军部队遂行各项任务需要,综合运用智能化的理论、方法和技术,使陆军装备保障的各个环节具有智能化功能,模拟、替代保障人员实施的装备保障活动。

2.1.2 相关概念辨析

2.1.2.1 智能与智慧

在《汉语大辞典》中,智慧是指人具有的辨析判断和发明创造的能力。"智"指主观能动性,是智商的外在表现;"慧"指悟性、创新性、主动性,是人内在的与生俱来的能力。"能"是指能力,是对认识规律、解决问题程度的描述。智慧仅仅是存在于人的大脑中的思想、知识和认知能力,而智能是把人的智慧和知识转化为一种行动的能力。如果智慧不用在实践上就无法形成能力,智慧只有通过实践行动才能形成智能。二者的区别主要表现在以下几个方面(见表 2 – 1)。

表 2 – 1 智能与智慧的区别

Table 2 – 1 The difference between intelligence and wisdom

区别	智慧	智能
本质内涵	智慧是心智的感悟与创造,体现的是思想、知识和认知能力	智能是心智的唤醒与执行,体现的是行动能力
研究范围	悟性、修养、内涵等内在心智	运作与反馈、思维与操作、表达与认知等外在能力
具有的能力	认知、理解、预测、思考、分析、探求真理等能力	具有一定的"自我"判断和自学习、自适应能力
研究对象	宏观层面针对的一般是全局,主要对象是人	微观层面针对的一般是局部,主要对象是物

(1)本质内涵:智慧是心智的感悟与创造,是人类依靠神经器官获取的能力;智能是心智的唤醒与执行,是进行认识活动和进行实际活动的某些心理特点。

(2)研究范围:智慧主要包括悟性、修养、内涵等内在心智;智能主要包括运作与反馈、思维与操作、表达与认知等外在能力。

(3)具有的能力:智慧使人们拥有认知、理解、预测思考、分析、探求真理等能力,其注重的是创造性、灵活性;智能使事物具有一定的"自我"判断和自学习、自适应能力,能够根据环境的变化,调整、规划肢体行为和思维方式，是主动地把智慧运用于实践，认知客观规律、改造事物的能力。

（4）研究对象：智慧是宏观层面的，针对的一般是全局，主要对象是人，关注重点是脑和心的组合，是一种质变性质的顿悟；智能是微观层面的，针对的一般是局部，主要对象是物，将人作为比照和模仿对象，将人的脑力作为主要的比对模板而形成，是可以快速复制的。

2.1.2.2 智能化与自动化

自动化（Automation）一般是指机器设备按照既定程序或者某种设定，替代或者辅助人执行某些特定工作的过程[81]。根据上文对智能化的分析可以得出二者的区别，主要表现在以下几个方面（见表2–2）。

表2–2　智能化与自动化的区别

Table 2–2　The differences between intelligence and automation

区别	智能化	自动化
性质内涵	能动地满足一定需求	按照设定程序实现预定目标
智能水平	有一定的自我判断能力	无自我判断能力
响应过程	感知环境—数据处理—灵活响应	重复执行固定动作
联系	自动化是基础，智能化是升华	

（1）性质内涵、智能水平不同：智能化是在智能技术的支持下，具有一定的逻辑思维、判断、预测、执行等能力，具备能动地满足一定需求的功能；自动化一般是指机器设备按照既定的要求或设定的程序，实现预期目标的过程，自动化不具有智能化那样的智力水平。

（2）响应过程不同：智能化能够采集周围环境状态，将环境状态变化情况数据化和变量化，而后对环境变化做出相应的响应；自动化无法感知周围环境变化，只能按照安排好的流程完成重复性的工作。

二者的联系归纳：自动化是基础，智能化是升华，即智能化建立在自动化基础之上，而优于自动化。

2.1.2.3 信息化装备保障与智能化装备保障

作为在不同时代背景下产生的保障模式，信息化装备保障与智能化装备保障具有密不可分的相互联系，但二者在研究基础、能力生成、制胜机理、运行模式等方面也存在显而易见的区别。二者的区别主要表现在以下几个方面（见表2-3）。

表 2-3 信息化装备保障与智能化装备保障的区别

Table 2-3 Main differences between intelligent equipment support and information equipment support

区别	研究基础	主导技术	研究核心	保障能力生成模式	制胜机理
信息化装备保障	信息网络	信息技术	信息获取	信息能运用	制信息权
智能化装备保障	智能算法	人工智能	智能模拟	智能运用	制智权

（1）研究基础不同。信息化装备保障是针对信息本身属性的研究，依托的物质基础主要是信息网络和计算机软件。信息化装备保障是信息化战争的产物，其以信息技术为主导，以信息网络为支撑，以"信息互联"为核心，通过构建信息网络和信息系统，增强、延伸和替代人的感知力、联通力，重点强调保障信息感知、共享与简单的处理，建设重点是以信息技术为基础的信息化装备保障体系；智能化装备保障是智能技术推动与智能化作战牵引的结果，其重要前提是信息化，依托的物质基础主要是智能算法。智能化装备保障是以智能技术为主导，以"智能算法"为支撑，以认知为中心，利用智能技术增强、延伸和替代人的智力，重点强调以人工智能解放、拓展人类智能与数据的智能化处理，建设重点是以数据智能采集、智能算法、云计算等为基础支撑的智能化装备保障体系[82]。

（2）保障能力生成模式不同。信息化装备保障能力生成主要以信息能的运用与释放为基本特征，智能化装备保障能力生成以人工智能的运用与释放为基本特征。信息化过渡到智能化，在保障能力生成方面的具体外在表现为：在制胜机理上，由制信息权、信息优势为主向制智权、智能优势为主转变；在保障范围上，由传统的物理域、信息域向以认知域为主的多域联合保障转变；在力量运用上，由以人为主向人机协同的方式转变；在决策方式上，由人机交互式向人机融合式转变。另外，智能化装备保障更加强调数据、算力、算法等"软保障"的地位作用。

（3）运行模式不同。信息化装备保障依托信息网络体系实现信息感知、共享等，而对智能的运用涉及较少。信息化装备保障活动以信息流通为核心内容，围绕着信息的获取、传递、存储、检索、处理而展开，以"信息流"支配"物质流"，其最终目标是保障装备在恰当的时间、以恰当的方式配置到恰当的地点，从而实现对保障资源的有效控制，提高装备配置的合理性；智能化装备保障运用大数据、物联网、5G通信等高新技术，借助智能算法、模型等，对复杂战场和海量保障数据进行分析、判断、推理，筛选有效信息，实现保障任务分解、保障资源规划的智能化，快速自主生成多个可供装备保障指挥员参考的装备保障备选方案。其追求目标是不断提升整个装备保障体系的智能化水平，并同步提升其可靠性、鲁棒性、可控性。

信息化装备保障与智能化装备保障的区别很明显，但二者又是相辅相成的，具体表现在以下几个方面。

（1）信息化装备保障孕育智能化装备保障。信息化装备保障是保障领域迈入智能时代的第一个阶段，是智能化装备保障产生的基础，为装备保障智能化开辟了道路[83]；智能化装备保障的基础是机械化、信息化装备保障，兼具机械化、信息化保障的优点，以全新的保障效能产生机理为支撑，是不同于一般改良的根本性飞跃。信息化装备保障是实施智能化装备保障的前提，为智能化装备保障建立智能模型、实现智能算法提供海量的原始数据信息；智能化装备保障不是信息化装备保障的终结，而是在信息化的基础上，实现对海量基础性数据的智能化处理和高效传输，是一种优于信息化装备保障的模式。因此，无论是从技术，还是从保障需求的角度看，随着智能技术的逐渐成熟，智能化装备保障将从信息化装备保障环境中脱颖而出，成为推进军事智能化发展的强有力的保障模式。

（2）智能化装备保障反哺信息化装备保障。随着人工智能技术在装备保障领域的广泛应用，智能科技物化出的保障装备逐渐列装部队，能够有效解决信息化装备保障的发展瓶颈问题[84]。一方面，智能化保障装备依靠强大的算力、先进的算法，能够有效解决信息化装备保障过程中海量信息难处理的问题；另一方面，运用智能技术优化信息化保障体系，促进信息化装备保障软硬件升级改造，使体系保障能力全面提升。另外，某些信息化装备保障平台经过智能化改装,可以实现简单的智能化操作,是加快智能化装备保障能力生成的重要途径。

(3) 智能化与信息化有机融合、复合发展。在装备保障发展进程中,信息化与智能化会多代并存,并在很长一段时间内以混合或者复合的方式存在于装备保障过程中。在装备保障领域,信息化是智能化的载体,由信息化完全过渡到智能化还有很长的一段距离。但是,随着军事智能化与信息化不断创新发展,二者在技术融合的基础上,最终实现装备保障领域的全面融合[85]。

2.2 智能化装备保障的内涵

从认识事物的一般规律来讲,智能化装备保障的基本内涵是研究、建设、实施智能化装备保障的基础和前提,是一切智能化装备保障活动的发起点。

通过对智能化装备保障定义的分析,结合当前智能技术的发展水平,可将智能化装备保障的内涵归纳为以智能技术为依托,以智能算法为主导、以泛在互联的信息网络为支撑,通过广域分布的态势感知终端采集保障物资、抢救抢修、装备运行等各要素的状态数据,充分发挥以"云智一体"为核心的保障云平台在数据存储、融合、共享、计算等方面的服务优势,依托智能决策系统对海量保障数据进行处理,挖掘有价值的装备保障信息,生成装备保障方案,并对决策信息进行分发与共享,形成"态势感知终端—信息传输网络—智能决策终端—保障实施平台"式的数据信息传输处理模式,智能调控装备保障活动,实现装备保障态势感知全维实时、指挥决策人机融合、保障实施人机协同、效能释放精确高效,最终恰到好处地满足装备保障需求。智能化装备保障内涵关联示意图如图2-3所示。

通过对智能化装备保障内涵的解析可以看出,在整个智能化装备保障过程中,"态势感知"是基础,是获取第一手保障态势数据信息的主要方式,"全维实时"是对感知范围和时效的要求;"指挥决策"是核心,是在智能算法支撑下快速高效处理数据、生成保障方案的重要依托,"人机融合"是对保障人员与智能决策系统在决策过程中交互关系的要求;"保障实施"是途

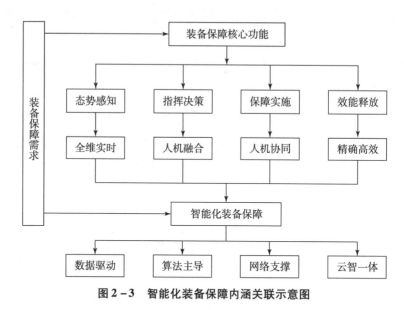

图 2 – 3　智能化装备保障内涵关联示意图

Figure 2 –3　Relation diagram of intelligent equipment support connotation

径,是开展装备保障活动的重要措施,"人机协同"是对装备保障力量具体运用提出的要求;"效能释放"是目的,是通过保障行动所要达到的保障效果,"精确高效"是对装备保障行动满足保障需求的描述。综上分析可以得出,智能化装备保障依托内在的数据驱动、算法主导、网络支撑、云智一体,实现保障活动外在的态势感知全维实时、指挥决策人机融合、保障实施人机协同、效能释放精确高效。

2.3　智能化装备保障的组成要素

装备保障活动是由一定的要素组成的,各要素通过内化和外化的相互作用达成保障目标。要素,是指构成事物的基本因素,是系统论中的一个概念,也称为元素。某一事物或系统通常可以认为是由多个要素按一定的结构而构成的集合体[86]。装备保障的演变,首先始于装备保障要素的演变,装备保障主要包括保障主体、保障客体、保障工具、保障方式四个要素。与信息化装备保障相比,智能化装备保障要素组成发生了巨大变化。信息化装备保障与智能化装备保障的组成要素的区别如表 2-4 所示。

表 2-4 信息化装备保障与智能化装备保障的组成要素的区别
Table 2-1 Comparison of equipment support elements

区别	保障主体	保障客体	保障工具	保障方式
信息化装备保障	一元结构	单一属性	信息化平台	人机结合
智能化装备保障	二元结构	双重属性	智能化平台	人机分离

（1）保障主体是指保障活动的决策者和执行者，主导着保障活动的进程，支配着保障资源和能量的流动。随着机器学习、无人自主、人工智能等技术与武器装备的深度融合，智能化保障装备具备了一定的思维、操作、行动等自主能力，能够辅助或代替保障人员进行决策或实施装备保障活动，成为保障主体新的组成部分。由于这类智能保障装备仅具有保障人员的部分特征，并不能完全取代人行使保障的主体权利，所以称为"伪主体"。保障主体结构发生了改变，由传统"保障人员"的一元结构向由保障人员和智能保障平台组成的"人—机"二元结构转变。需要明确的是，在智能化装备保障发展的初级阶段，即人在回路中阶段，装备保障的主体主要是人机结合、人为主导。随着保障装备智能化程度的提高，人在装备保障活动中的角色不断变化，从"台前"向"幕后"、从执行者到规则制定者转变，在转变过程中人的主体地位不会改变，仍对装备保障活动起着决定性作用[87]。

（2）保障客体是指装备保障活动直接作用的对象，也就是武器装备。随着智能技术在武器装备上的广泛运用，保障客体的智能化特征也趋于明显，在构成上与保障主体具有同向性。也就是说，保障客体同样受智能技术的影响，与保障主体在结构上产生了同向性的变化，保障客体由"单一属性"的一元结构向"双重属性"的二元结构转变。"单一属性"是指在保障活动中，保障客体仅仅是被保障对象，而无其他属性；"双重属性"是指在保障活动中，保障客体不仅是被保障对象，还是保障活动的参与者、执行者，具有保障主体的部分属性。某一保障平台，从某一角度看是保障主体，从另一角度看却又是保障客体。比如，具有一定自主能力的维修保障机器人，相对于所维修的武器装备来说是保障主体,而相对于整个装备保障活动来说,却又是被保障的对象,即保障客体。

(3)保障工具是保障主体作用于保障客体、实施保障活动、产生保障行为的物质基础[88]。与保障主体、保障客体相比,保障工具不受主观因素的影响,对装备保障影响具有不以人的意志为转移的客观性。随着智能化程度的提高,保障工具的范围也不断扩大,既包括传统意义上的各种保障设备,又包括具备智能化特征的装备保障平台、系统、单元等,而后者将成为未来智能化装备保障主要的保障工具。

(4)保障方式是装备保障各组成要素融合而成的一种特殊的保障要素,直接影响保障能力的形成和保障效能的释放。由于智能保障平台具有一定的思维和操作能力,甚至可以在人的监控下独立完成某些保障任务,人与保障平台的结合方式发生了改变,使保障方式由传统的人机结合向人机分离转变。由于当前智能化发展尚处于初级阶段,人机分离主要表现形式为人机协同,即保障人员与智能保障平台相互配合、密切协同,在指挥人员的监督控制下共同实施装备保障。

2.4 智能化装备保障的发展阶段

现阶段智能化装备保障尚处于与机械化、信息化并存且共同建设发展阶段[89]。一方面,要充分利用机械化、信息化建设的成果,立足现有编制体制、武器装备、保障方式、基本手段,将智能化保障理念、智能技术运用于装备保障的具体环节,对现有保障方式、保障手段等进行智能化改造;另一方面,要统筹机械化、信息化、智能化协调发展,将智能技术融入装备保障领域,探索"三化"叠加、复合发展的保障实践。根据智能技术与保障主体、保障客体、保障工具等结合的紧密程度,将智能化装备保障的发展划分为"嵌入、融入、主导"三个阶段[90]。其发展阶段划分如图2-4所示。

(1)"嵌入"阶段:智能化装备保障发展的初级阶段。初级阶段以智能技术"嵌入"(点状介入)装备保障过程为基本特征,表现形式为有人为主、无人为辅,实现途径主要是对机械化、信息化装备保障要素的智能化改造,

第 2 章 智能化装备保障认知分析

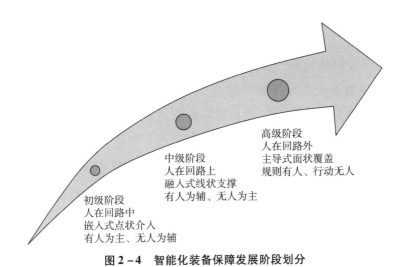

图 2-4 智能化装备保障发展阶段划分

Figure 2-4 Division of the development stages of intelligent equipment support

即利用当前成熟的智能化技术,对装备保障平台、系统、方式等进行局部"点状"嵌入式的智能化改造。该发展阶段,在保障任务上,保障人员是保障任务的主体,智能化装备保障实体在保障人员的操控或协同下,实施远程、危险、长时的保障作业;在指挥活动中,智能系统辅助指挥员进行决策并实施保障指挥,以"人在回路中"的模式实施整个保障活动,即以人为主导,控制整体装备保障流程。"嵌入"智能化装备保障处于弱智能发展阶段,是在信息化装备保障范畴内的装备保障智能化。目前,大部分智能化装备保障平台都处于该发展阶段。

(2)"融入"阶段:智能化装备保障发展的中级阶段。中级阶段以智能技术"融入"(线状支撑)装备保障过程为基本特征,表现形式为有人为辅、无人为主,主要是机械化、信息化、智能化的复合发展,表现为人机融合、人为主导,即机器在指挥员的干预控制下实施装备保障活动。智能化装备保障能够"线状"融入整个装备保障体系。该阶段,在保障任务上,人和机器混合编组共同担负装备保障任务,特别是在保障态势感知、无人化运输、远程维修等方面的任务主要由智能保障平台来完成;在指挥活动中,仍然是智能系统辅助指挥员进行决策并实施保障指挥,但是智能系统的保障行动由智能节点控制,指挥员以监督员的身份,以"人在回路上"的模式对保障行动进行监督调节。

（3）"主导"阶段：智能化装备保障发展的高级阶段。高级阶段以智能技术"主导"（面状覆盖）装备保障过程为基本特征，表现形式为规则有人、行动无人，主要表现为机器和保障人员"共生"，智能保障平台与装备指挥员有机融为一体。该阶段，智能保障平台可以自主决策，独立实施装备保障活动。在保障任务上，虽然仍是人机混合编组，但是指挥员主要在后方负责制定、修改行动规则；在指挥活动中，人脑与机脑相互融合，共同决策，智能保障平台可以自主实施保障行动，以"人在回路外"的模式对装备保障行动进行监督。

2.5 智能化装备保障的主要特征

智能化装备保障是以智能技术应用为依托，确保智能化作战任务顺利实施而提出的一种全新的保障方式[91]。明确其保障机理，揭示其技术形态、保障其形态特征及其内在规律，是构建智能化装备保障体系的基础性研究。

2.5.1 技术形态特征

智能化装备保障是在智能化作战任务和智能技术双重驱动作用下产生的适应现代陆战场装备保障需求的保障模式。在技术形态层面，区别于传统保障方式的具体表现是运用基于数据的智能算法模型，以信息网络为支撑，实现对装备保障活动的智能调控[92]。

（1）数据驱动：以数据资源驱动保障物资的"储、运、供、修"。保障数据资源是智能化装备保障的"原材料"，是运用智能化算法的基础，贯穿于智能化装备保障活动的全过程。智能化装备保障系统通过构建"数据采集—数据传输—数据处理—数据分发"的数据通道，打通仓储管理、器材供应、维修保障、指挥决策之间的数据链路，以数据驱动保障物资仓储、运输、供应、维修使用之间的业务协同，实现精准掌握装备保障状态。依托大数据、云计算等技术处理各种传感器采集"储、运、供、修"等环节的保障数据，利用高性能计算机对海量保障信息进行以相关关系挖掘为主的非线性分析，探索有价值的潜在信息，进一步完善装备保障方案，调控保障物资"储、运、供、修"计划与行动，促进装备保障理念和方法由传统经验型向数据驱动型转变。

（2）智能决策：以智能算法主导保障方案的"谋、定、施、评"。算法模型是智能化装备保障的"脑组织"，是进行数据处理的工具，也是智能化装备保障过程中生成保障方案、实施保障行动的关键。智能化装备保障通过构建装备保障算法模型，完善装备保障数据库、模型库、知识库，以精算、细算、深算和专家推理的方式，对复杂战场的海量保障数据进行分析、判断、推理，实施态势评估、信息监控、情况研判等保障形势分析，实现智能筹划保障任务、生成保障方案、调控保障行动，并通过实体建模、仿真实验等多种手段，反复模拟保障实施过程，不断优化装备保障方案，促进装备保障决策模式由传统经验型向算法主导型转变[93]。

（3）网络支撑：以信息网络支撑保障信息的"感、采、传、存"。网络链路是智能化装备保障的"神经元"，是信息采集、传递、共享、融合的重要依托。一体化联合作战条件下的智能化装备保障，使隶属于不同建制、不同作战地域的保障力量密切协同、相互配合，必须以网络信息体系为支撑。随着物联网、5G 网络、云端网络等新型网络不断补充到网络信息体系中，拓展网络覆盖范围，提升网络品质，丰富网络应用功能，实现装备保障网与数据采集网、装备保障系统与作战指挥控制系统、军内装备保障网与地方保障资源网无缝链接，打通数据采集、传输、存储、共享的通道，消除不同保障机构之间的"信息孤岛"，为数据传输、信息共享提供"高速路网"，为智能化装备保障信息互联互通提供强力支撑。

（4）云智一体：以保障云平台融合保障活动的各个环节，全面赋能装备保障智能化。保障云平台能够将分布在战场上不同区域的人员、物资、装备等保障实体的静态、动态保障信息资源，以及广泛分布的计算资源整合成虚拟资源，通过网络汇聚传送到云端，汇集形成一种弹性、动态的云资源池，可以根据不同用户的动态需求，以云的方式提供服务，实现各类系统、平台的按需部署与灵活访问，形成快速供应、高扩展性、高透明性的装备保障信息环境，支持装备保障力量的快速部署、结构重组，提升装备保障基础设施的利用率、可靠性与持续保障能力。

2.5.2 保障形态特征

依据智能化装备保障内涵的分析,在装备保障态势感知、指挥决策、保障实施、效能释放等关键环节呈现出与机械化、信息化时代不同的鲜明特征。

(1) 态势感知全维实时。依托智能化感知网络、全资产可视、北斗导航、物联网等高新技术,广泛快速部署各类智能感知节点,面向任务主动协同探测,拓展感知范围从传统物理空间、信息空间不断向认知空间等新型领域延伸,实时感知广域分布和特殊环境下的武器装备、保障力量、保障物资、保障需求等状态信息,获取敌军情况、我军情况、友军情况、天候情况、地理情况及民社情等信息,从宏观层面提升装备保障的感知能力;通过广域覆盖的军事信息网和无线感知传输设备,实时感知武器装备地域分布、运行状态、器材消耗和剩余寿命等基础状态信息,从微观层面提升装备保障的感知能力。

(2) 指挥决策人机融合。智能化装备保障空间拓展、保障力量多元、节奏转换频繁,完全依靠指挥员的经验、智力、体力做出保障决策仍是一项艰巨的任务。陆战场采用智能辅助决策系统,以人机融合的方式制定保障决策,成为一种新的决策模式。该决策模式充分发挥了指挥员和决策系统各自的优势,进行科学合理的人机分工和交互,将人脑智慧与系统智能,人的创造性和智能技术充分融合,使指挥员能够在决策系统生成的备选方案中,根据作战进程、战场态势选择最佳保障方案。

(3) 保障实施人机协同。智能装备保障平台具备自主理解任务和快速响应能力,能够在自学习、自调整、自进化的基础上快速适应复杂战场环境。依托保障云、信息网络、自组网技术,将保障指挥机构、保障实体用虚拟网络联成一体,实时共享有关状态、位置、行动等信息,遵循人机协同规则,通过优化指挥权限分配和人机协同保障模式,建立多类无人平台、有人平台与无人平台等诸多保障力量之间的协同关系,在保障任务区分、专业重组、跨域配合等方面,协同实施装备保障行动。

(4) 效能释放精确高效。智能化装备保障以"精确高效"为目标,追求以最合理的保障资源运用达成最优的保障效果。智能化装备保障依托信息指挥系统、装备保障物联网，智能监控保障任务状态，实时感知保障态势，精确掌控保障需求和保障资源，按照以"精确"换时间、换空间、换效能的保障思路，强化"精确高效"的保障理念，准确预测装备保障需求并掌握其动态变化，并对各类保障资源进行整合，合理调配保障力量、科学调整保障方案，实现将恰当的保障资源和力量在恰当的时间投送至恰当的地点，最终达到保障效能精确释放的目标。

2.6 智能化装备保障的具体方式

战争形态的转变、武器装备的升级、作战任务的拓展，对装备保障理念和保障方式产生了巨大冲击，促使装备保障时机、保障目的、保障效果、保障空间发生了深刻变化，初步形成了适应现代作战模式、具有初级智能化特征的新型保障方式[94]。

（1）可视化的"精确型"保障。可视是指保障态势信息的形象化描述。可视化是指可视的程度，与"机械化、信息化"的术语描述一样，可视化是对保障态势信息可视程度的描述。可视化是指综合运用射频识别、状态监控、卫星定位等技术，对装备保障资源、保障需求、装备运行状态等保障信息进行实时呈现。其主要标志：一是保障资源可视，就是通过智能仓储系统、卫星定位技术、射频技术等，能够对装备保障资源的数量、位置、质量等信息进行实时掌握；二是保障需求可视，就是依托网络信息体系，能够实时传输维修器材、保障人员、保障装备的需求信息；三是装备运行状态可视，就是通过状态监测装置，能够实时监测武器装备的运行参数，预测装备运行状态及发生故障的时机。实现可视化后，"精确型"保障成为智能化装备保障的必然方式，其外在表现是：智能化装备保障综合运用物联网技术和信息可视化技术，将各种装备保障信息、军事行动相关信息及时、准确地展现在保障人员面前，使其能够全面把握军事行动态势，精准预测军事行动保障需求，保障人员无须被动等待保障指令或申请，在军事行动提出需求之前，预先调配保障资源，将保障资源和力量在恰当的时间投送至恰当的地点，实施物资补给、装备维修及其他装备保障作业。

（2）实时化的"主动型"保障。实时是指装备保障准备与实施的时间接近保障对象需求的时间。实时化是指实时的程度，与"机械化、信息化"的术语描述一样，实时化是对满足保障对象时间需求程度的描述。实时化是一个相对的概念，目前还没有统一的标准。机械化战争一般按照"年月"单位计算，信息化战争一般按照"天时"单位计算，未来智能化战争极有可能按照"分秒"单位计算，这种高速度的智能化战争，作战节奏快，作战进程短，对装备保障实时性提出了非常高的要求，主要体现在三个方面。一是减少中间环节，提高保障速度。装备保障环节过多历来是影响装备保障效率的重要因素，机械化战争的装备保障一般为3～4个环节；进入信息化战争，装备保障一般为2～3个环节；未来的智能化战争，可能缩短为1～2个环节。二是提高技术含量，精减保障机构。遂行智能化作战的智能化武器装备，是由多种高新技术物化而成的，如果采用传统的技术与方法实施保障，费人费力费时，根本达不到实时化的要求，只有研制智能化保障装备和智能化的指挥信息系统，采用先进的通信手段，才能精减保障机构，达到实时化的军事需求。三是减少物资储备，扩大信息储备。采用实时化保障后，总部、战区、部队的库存物资都可以极大地减少。根据外军研究的相关成果，各级库存物资可以减少45%。主动型保障是实时化的必然结果，实时化的外在表现是主动型保障，二者存在紧密的关系，其主要标志有两个。一是感知为主动型。智能化装备保障服务和服从于智能化作战，传统的保障从总体上讲是被动型保障，保障机构静等保障需求。而智能化保障必须紧盯智能化作战任务和作战进程，时刻关注和预测保障信息与保障需求，一旦预感有需求，就可以实施主动保障。二是准备为主动型。智能化装备保障由于可以提前预判保障需求，可以实时关注智能化作战态势，就能主动调集保障资源和保障力量，依据智能化的决策系统，确定最佳的保障方案，随时准备实施保障行动。三是实施为主动型。智能化保障无须作战提出需求，决策实体和执行实体都可以对作战实体实施主动型保障，包括器材的供应，损坏装备的抢救抢修等。

（3）一体化的"集约型"保障。一体是指统筹所有装备保障资源、保障需求，实施整体保障的形式。一体化是指整体保障的程度，与"机械化、信息化"的术语描述一样，一体化对整体统筹实施装备保障程度的描述。一体化是指整体统筹保障需求、保障资源、保障力量，以通装通保、同装互保、专装自保为原则，以提高保障效率为目标，实施的装备保障。其主要标志有三个。一是保障信息共享。依托网络信息体系和泛在云联网络，将不同保障机构相互链接，实现保障态势信息的共享共用。二是保障资源统筹。在装备保障领域综合应用物联网、卫星通信等技术，建立军事保障物资智能化仓库，构建网络化、一体化的物资保障体系，将地方、各军兵种保障资源联成一个有机整体。以装备保障需求为依据，对军内、军地保障资源进行一体化统筹使用。三是力量结构扁平。保障力量结构在纵向上优化指挥层级，在横向上打破建制和军兵种限制，形成扁平化的组织架构，便于保障力量的调度和一体联动。一体化的实施必将牵引出集约型保障，其主要标志有两个一是保障物资节约。保障资源的统筹使用，减少不必要的长途运输和力量调度，降低保障物资的损耗。二是保障效率提高。将保障资源和力量在恰当的时间以最经济的方式准确投送至指定地点，高效释放一体化保障效能，精确满足保障需求，最终实现"以最合理的付出，取得最好的保障效果"，达到最佳的费效比。

（4）立体化的"全域型"保障。立体是指实施装备保障的方式。立体化是指采用多种保障方式的程度，与"机械化、信息化"的术语描述一样，立体化是对满足保障需求而采用的多种保障方式程度的描述。立体化是通过陆、海、空、网络等多种运输投送方式，将实物、信息等保障资源输送给被保障对象，其主要标志有三个。一是保障装备智能化。立体化保障需要以智能化保障装备为支撑，尤其是无人车、无人机、无人艇等无人智能化保障装备，能够突破人的生理极限，完成全区域保障任务。二是保障手段多样化。立体化保障会形成多种保障手段，有人保障方式、人机协同保障方式、无人自主保障方式，可根据保障任务的特点合理选择。三是信息传输层次化。立体化的信息传输有多种途径，包括有线网络、无线网络、地基网络、天基网络等。全域型保障的实施是以智能装备为依托，以立体化为主要途径，其主要标志有三个。一是在空间域，全域型保障不受地形限制，可覆盖陆、海、空等多维空间，跨越山地、高原、太空、深海、极地及核生化污染等极限区域，完成全区域立体化装备保障任务；二是在时间域，全域型保障能够克服自然环境和不良天气等因素带来的影响，完成全天候、无人化装备保障任务；三是在认知域，全域型保障能够将所有保障态势、指挥决策等保障信息汇聚融合，并进行智能化处理，形成新的认知。

2.7 智能化装备保障的地位作用

装备保障是影响战争胜负的关键因素之一。随着武器装备智能化水平的提高、具有智能化特征的现代战争规模的扩大，智能化装备保障的优势逐渐显现，在现代化陆战场中的地位和作用也日趋重要。

（1）智能化装备保障是智能化作战的重要组成部分。智能化装备保障是智能化作战的物质基础，通过物资保障和技术保障为智能化作战服务[95]。首先，智能化装备保障是形成战斗力的物质基础。智能化作战力量由人和武器装备组成，人和武器装备也是形成作战能力的重要因素。智能化装备保障通过智能技术对武器装备进行保养和修理，减少人员伤亡，维护武器装备的作战性能，最终形成智能化作战能力。因此，若要保持和提高智能化作战能力，必须提供持续的智能化装备保障，使作战人员和武器装备始终处于良好的作战状态，形成持续战斗力。其次，智能化装备保障影响战斗力的再生。随着智能化技术在军事领域的深化应用，涌现出"全域作战""分布式杀伤""云作战"等新型作战概念，其制胜机理也逐渐向智能主导、算法制胜方向发展。新的作战方式对武器装备形成新的打击方式和毁伤机理，装备的损坏数量、损坏程度不断增大，损坏机理日益复杂。传统的基于体能、技能和信息能简单叠加式的装备保障已经滞后于现代作战对装备保障的需求，智能化装备保障充分利用智能技术，能够及时抢救抢修武器装备，快速再次形成战斗力。

（2）智能化装备保障影响战略战术的制定与运用。战略战术是指导战斗的具体方法。装备保障是作战指导的物质基础，对战略战术的制定和运用具有重大影响作用，尤其在智能化作战条件下，其影响作用有过之而无不及[96]。首先，智能化装备保障影响战略的制定。现代战争中，智能化武器装备的数量以及智能化水平的高低，是制定战略方针、确定战略目标的基础，但是会受物质基础的影响。智能化装备保障作为军事力量的物质基础，是智能技术和智能装备向智能军事力量转化的主要途径，因此，智能化装备保障是制定战略的重要影响因素。其次，智能化装备保障影响战术的运用。从以往的战争看，战术的运用是由科技水平决定的。智能技术在军事领域的应用，使武器装备的性能发生了质的改变，从而引起作战方式的突破。若没有相应的智能化装备保障，新型武器装备的运用就是无源之水。在智能化条件下，更加注重"如何保障就如何打仗"，可以看出，战术的运用更加依赖于装备保障。

（3）智能化装备保障制约着智能化作战的进程和结局。现代战争以人员伤亡、物资消耗、装备损伤为代价，因此，为确保作战进程顺利和作战胜利，就必须降低人员伤亡、及时供应物资、快速修复装备。在智能化作战过程中，智能化装备保障能够使无人智能武器装备保持良好的运行状态，有助于降低人员伤亡；智能化物资保障能够实现全区域的物资及时配送；智能化的修复技术能够快速修复战损的武器装备。可以说，智能化装备保障的好坏、能力的高低，直接制约着智能化作战的进程和结局。

2.8 本章小结

本章在对智能化装备保障相关概念界定的基础上，重点分析了智能化装备保障的内涵、组成要素、发展阶段、主要特征、具体方式、地位作用等内容；分析了智能化装备保障的保障主体、保障客体、保障工具、保障方式四个组成要素的变化，根据智能化技术与保障主体、保障客体、保障工具等结合的紧密程度，将智能化装备保障划分为"嵌入、融入、主导"三个发展阶段，并从技术形态和保障形态两个方面分析了智能化装备保障的主要特征，归纳了智能化装备保障的具体方式和地位作用。

第3章 智能化装备保障能力指标重要度分析

智能化装备保障能力指标重要度分析是智能化装备保障体系建设的基础，是评估装备保障水平、优先安排装备保障建设的重要依据。本章在确定智能化装备保障任务指标和能力指标的基础上，通过构建客观的重要度分析模型，得到智能化装备保障能力重要度权值。

3.1 总体思路与分析方法

3.1.1 总体思路

智能化装备保障能力指标重要度分析必须全面反映智能化作战任务对保障能力的客观需求。首先应从总体上分析作战任务，根据作战背景和目标，立足具有智能化特征的信息化作战的内在规律，以分析作战任务作为出发点[97]。结合作战任务面临的安全威胁、战略意图、战场环境、作战空间，运用 IDEF（ICAM Definition Method）分析工具，遵循一定的准则，从高层到低层对任务进行分析解构，建立如图 3-1 所示的陆军智能化装备保障能力指标分析流程，沿着作战任务—装备保障任务—装备保障能力的路径逐步映射，生成对应的任务清单和能力清单，自上而下地分析完成各项任务所需的能力，形成支撑能力要素合集，实现智能化装备保障任务指标和装备保障能力指标的具体化和明确化。

图中输入输出内容可描述如下。

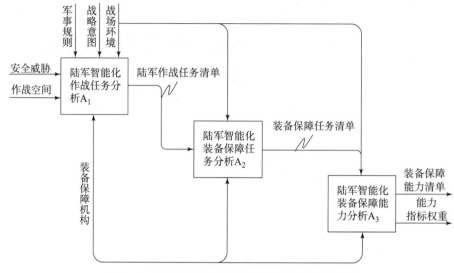

图 3-1 陆军智能化装备保障能力指标分析流程

Figure 3-1 Army intelligent equipment support capability index analysis process

安全威胁：对安全稳定构成威胁或潜在威胁的因素、主体或事件。

作战空间：陆军作战的区域或者范围。

军事规则：陆军作战行动的基本遵循。

战略意图：陆军作战在战略层面要达到的目的或目标。

战场环境：陆军作战所处的环境，包括社情、民情、敌情等方面。

陆军作战任务清单：陆军需要完成的作战任务集合。

装备保障任务清单：在完成陆军作战任务的前提下，需要完成的装备保障任务集合。

装备保障能力清单：完成陆军装备保障任务需要的装备保障能力的集合。

能力指标权重：陆军装备保障能力指标重要度权值。

3.1.2 分析方法

目前，关于装备保障能力指标重要度分析的方法有很多，基于专家经验构建需求分析模型是比较常用的方法，包括模糊综合评判法、层次分析法、数据包络分析法、质量功能展开法（Quality Function Deployment，QFD）、灰色关联质量功能展开法（Green Quality Function Deployment，GQFD）等[98~100]。通过分析可以得出上述需求分析方法存在以下不足：一是需求分析依赖专家的知识和经验，分析过程和结果受主观因素影响较大，需求分析结论的可靠性、客观性不足；二是能力指标与任务指标之间缺少关联性分析，影响分析结果的可信度。因此，针对上述分析结果，本章提出了基于机器学习的 GQFD 需求分析方法，该方法将机器学习理论与传统的 GQFD 方法相结合，充分发挥机器学习的自学习、自适应、计算能力强等优势，通过将机器学习替代 GQFD 方法分析过程中的专家打分环节，将机器学习与 GQFD 方法融为一体，改进后的 GQFD 方法更加适应战场需求。该方法能够有效弥补传统需求分析方法的不足，使分析结果更加客观、准确、可靠。

基于机器学习的 GQFD 方法基本流程：首先，在确定装备保障任务指标与装备保障能力指标的基础上，通过构建专家打分模型对二者进行评分，确定任务指标矩阵和能力指标矩阵；其次，通过采用 GQFD 的映射分析方法，对任务指标矩阵和能力指标矩阵进行灰色关联处理，得到任务指标与能力指标之间的灰色综合关联矩阵和任务指标重要度；最后，用灰色综合关联矩阵替代传统 QFD 方法中的相对关联矩阵，构建基于灰关联矩阵的"任务指标—能力指标"质量屋（House of Quality，HOQ），按照传统的 QFD 方法进行质量功能展开，确定能力指标的重要度权值。基于机器学习的 GQFD 方法分析流程图如图 3-2 所示。

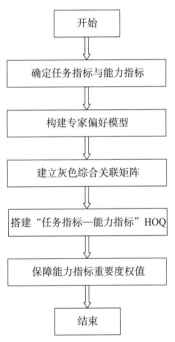

图 3-2 基于机器学习的 GQFD 方法分析流程

Figure 3-2 Analysis process of GQFD method on machine learning

基于机器学习的 GQFD 方法与传统的 QFD 方法的区别主要体现在指标打分方式以及确定关联矩阵的流程不同。两种方法的区别如表 3-1 所示。

表 3 – 1　两种方法的区别

Table 3 – 1　Differences between two methods

方法种类	打分方式	矩阵类型	打分对象
传统的 QFD 方法	专家打分	相对矩阵	任务指标
基于机器学习的 GQFD 方法	机器打分	灰色关联矩阵	任务指标 能力指标

传统的 QFD 方法选取不同的专家对装备保障任务指标进行打分，通过层次分析法、Delphi 专家调查法或加权平均法，确定装备保障任务指标权重，然后直接对装备保障任务指标与装备保障能力指标之间的相关程度进行打分，建立"保障任务—保障能力"的关联矩阵；基于机器学习的 GQFD 方法是通过构建专家打分模型分别对装备保障任务指标和装备保障能力指标进行独立打分，经过一系列的灰色关联分析处理，得出灰色关联矩阵和装备保障任务指标的权重。需要明确的是，灰色关联分析通过对装备保障能力的相关指标特征和因素进行灰色关联度计算，并对计算结果进行灰色关联排序，进而确定关键特征和因素[101~103]。灰色关联分析模型属于序关系模型，其原理是根据指标特征数据的序列几何形状的相似程度，对关联紧密程度进行分析，分析的着眼点是特征数据大小所代表的序关系[104]。

3.2　智能化装备保障能力指标确定

发展与智能化作战相适应的装备保障能力是智能化作战对装备保障建设的内在要求。能力指标的确定过程必须以作战任务分析为起点，按照以作战任务定保障任务、以保障任务定保障能力的方法步骤，确定智能化装备保障任务指标和能力指标。

3.2.1　陆军作战任务分析

陆军使命任务是进行需求分析的驱动力，深入分析现阶段陆军作战的使命任务，可进一步梳理分析出陆军智能化作战任务。当前陆军正按照机动作战、立体攻防的战略要求，全面履行新的使命任务，将主要承担岛屿封控与两栖作战、中印方向边境自卫反击作战、朝鲜半岛方向跨域控制作战、首都防空作战以及非军事战争军事行动等战略任务[105~106]。可以看出，陆军作战任务由区域防卫型向全域作战型加速转变，要完成新的使命任务，必须采取具有智能化特征的信息化作战样式。智能化作战是运用智能化武器装备及其相适应的作战方法进行的作战样式，是继机械化、信息化作战后出现的一种全新的作战形态[107]。智能化作战突破了传统的作战空间限制，重塑了人与武器装备的结合方式，是作战方式质的转变。与海战场、空战场相比，陆战场在武器装备、战场范围、力量运用等方面有自身的特殊性。陆军智能化作战任务呈现与机械化、信息化作战明显不同的特征[108]。

（1）作战空间向全域延伸。陆军使命任务的拓展，陆战场范围不仅仅是传统意义上的人类可以涉足的陆战区域，陆地范围逐渐由低海拔陆地向高原、高寒、极地扩展，甚至涉及赛博、认知等新型作战区域。除此之外，战场范围还涉及低空、浅海等区域。作战空间已经超出了人类生存的极限，因此，在一体化联合作战条件下，确保在新型作战空间能够顺利遂行作战行动，必须采取智能化的作战方式。

（2）作战力量构成人机结合。陆军作战任务的多样化，作战空间的全域化，牵引作战力量朝着人机结合的方向快速发展。随着智能化武器装备的发展，陆军作战力量将以人主导、人机结合的方式遂行作战行动，提升陆军部队远程攻击能力、全域立体打击能力，以更好地完成承担的各项任务。

（3）制胜机理注重"以智制愚"。陆军作战方式、指挥决策方式、作战力量结构、作战空间的转变，使"制智权"成为智能化作战中对抗双方争夺的焦点。"制智权"是在脑力和智力空间的优势，其基础是算力、算法，其核心是认知速度的快慢，关键技术包括云计算、大数据、物联网、神经网络等。与机械化、信息化时代的制胜机理不同，"制智权"涉及的不仅是传统的物理空间，还拓展到高边疆（太空）、赛博空间、深海极地等空间。

3.2.2 保障任务指标分析

与传统的机械化作战过程不同，智能化作战一般按照"态势全维感知—

方案自主生成—行动精确控制—力量人机协同"的步骤实施[109]。这种全新的作战过程需要装备保障支撑。

陆军智能化装备保障过程应与智能化作战过程衔接、配套，根据对智能化作战的任务和特点的分析，利用 IDEF 方法，对装备保障任务进行逐级分解，得到细化的装备保障任务指标，如图 3-3 所示。由图 3-3 可知，智能化装备保障为满足作战任务需求，必须要在全维感知战场态势，掌握保障需求、保障对象、保障区域等信息的基础上，适应智能化作战节奏，对保障行动进行精确控制，实施全域范围的物资保障和装备维修。综上所述，可以明确智能化装备保障需要完成的主要任务包括态势全维感知、行动精确控制、物资精准保障、装备快速修复四项智能化装备保障任务，确定相应的任务指标，并对指标进行编号（便于后续计算），如表 3-2 所示。

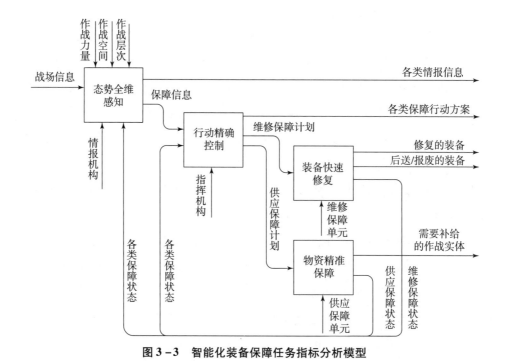

图 3-3 智能化装备保障任务指标分析模型

Figure 3-3 Intelligent equipment support task indexes analysis model

表 3-2 智能化装备保障任务指标

Table 3-2 Intelligent equipment support task indexes

编号	X_1	X_2	X_3	X_4
任务指标	态势 全维感知	行动 精确控制	物资 精准保障	装备 快速修复

3.2.3 保障能力指标分析

智能化装备保障能力是完成智能化装备保障任务的根本保证，二者具有"一对一"或"一对多"的映射关系，即完成一项保障任务需要一项或多项保障能力。通过对二者的映射关系分析可知，态势全维感知任务需要数据实时采集、信息智能处理、网络广域通联等能力；行动精确控制任务需要数据实时采集、信息智能处理、智能指挥决策、网络广域通联、力量模块重组等能力；物资精准保障任务需要数据实时采集、信息智能处理、智能指挥决策、物资随需配送、网络广域通联、力量模块重组等能力；装备快速修复任务需要数据实时采集、信息智能处理、智能指挥决策、物资随需配送、智能检测维修、网络广域通联、力量模块重组等能力。其映射关系如图 3-4 所示。

通过建立的映射关系分析，完成上述智能化装备保障任务需要具备数据实时采集、信息智能处理、智能指挥决策、物资随需配送、智能检测维修、网络广域通联、力量模块重组 7 项智能化装备保障能力指标，对指标进行编号（便于后续计算），如表 3-3 所示。

表 3-3 智能化装备保障能力指标

Table 3-3 Intelligent equipment support capability indexes

编号	能力指标	编号	能力指标
Y_1	数据实时采集	Y_5	智能检测维修
Y_2	信息智能处理	Y_6	网络广域通联
Y_3	智能指挥决策	Y_7	力量模块重组
Y_4	物资随需配送		

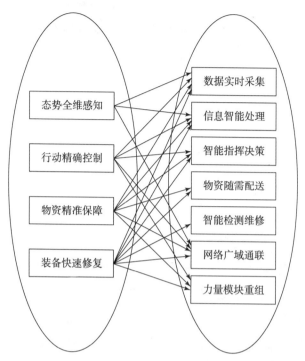

图 3-4 智能化装备保障任务到保障能力的映射图

Figure 3-4 Mapping of intelligent equipment support tasks to support capabilities

3.3 构建专家打分模型

构建专家打分模型的主要目的是运用该模型替代专家对任务指标和能力指标进行打分，使整个需求分析过程和结果更加客观、可靠。

3.3.1 机器学习与 BP 神经网络

机器学习（Machine Learning，ML）是人工智能的一个重要分支，其主要组成结构包括网络结构、训练样本、学习方法等，主要用途是通过神经网络对训练样本的学习训练，使机器具备某种类似人类的推理预测能力，并运用于解决类似的新问题[110]。机器学习过程是一种端到端（End‐to‐End）的训练（见图 3-5）。这是一种通用性很强的框架，通过特征提取、机器学习等步骤，能够摆脱主观因素对预测结果的影响，使结论更客观、智能。

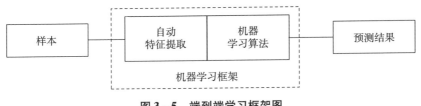

图 3-5　端到端学习框架图

Figure 3-5　Framework of end-to-end learning

机器学习在需求分析过程中的优势主要体现在强大的非线性映射能力、特征提取、动态适应性、客观可靠性[111]，如图 3-6 所示。机器学习主要有两种方式：有监督学习、无监督学习。其中，有监督学习是比较常用的形式，其显著特点是每一个训练样本数据都由特征值和标签两部分组成[112]。

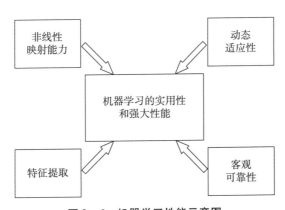

图 3-6　机器学习性能示意图

Figure 3-6　Schematic diagram of machine learning performance

反向传播算法（Back Propagation，BP）神经网络属于机器学习中的有监督学习方式，是一种多层前馈型神经网络，具有并行计算能力强、鲁棒性好、非线性映射能力突出等特点，适用于解决不精确或模糊的分类、聚类、预测等非线性系统问题，是一种应用较为广泛的机器学习模型[113~114]。BP 神经网络结构一般包括输入层、隐含层和输出层，模型参数一般包括隐含层数量、每层的神经元数量和激活函数、阈值 ω 与每层的偏置向量 b。其原理是通过神经网络对训练样本的学习，确定网络结构和模型参数，进而建立机器学习模型解决新问题。其一般结构图如图3-7所示。

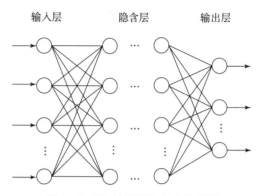

图3-7　BP神经网络一般结构图

Figure 3-7　General BP neural network structure diagram

一般情况下，激活函数必须使用非线性且单调递增的函数。常用的几种激活函数及功能如下[115]。

阶跃函数：

$$f(x) = \begin{cases} 1, x \geqslant 0 \\ 0, x < 0 \end{cases} \quad \text{或} \quad f(x) = \begin{cases} 1, x \geqslant 0 \\ -1, x < 0 \end{cases} \quad (3-1)$$

该函数多用于离散型的神经网络。

恒等函数（Identity Function），又称激活函数，其表达式如下：

$$f(x) = x \quad (3-2)$$

Identity激活函数对信息不做任何变换而直接输出，其功能是如实地传递信息。

Sigmoid（S型）函数：

$$f(x) = \frac{1}{1+e^{-x}} \quad (3-3)$$

该激活函数取值在[0,1]区间，功能是随着信息强度而平滑地激活信息，常用于连续型的神经网络。

整流线性函数又称修正线性单元（Rectified Linear Unit，ReLU），其表达式如下：

$$f(x) = \begin{cases} x, x > 0 \\ 0, x < 0 \end{cases} \text{ 或 } \text{ReLU}(x) = \max(0, x) \qquad (3-4)$$

该函数只激活取值为正数的信息，用于模拟人脑过滤无用信息的功能。

双曲正切函数（Hyperbola Tangent，tanh）的表达式如下：

$$\tanh(x) = \frac{1 - e^{-2x}}{1 + e^{-2x}} \qquad (3-5)$$

该激活函数取值在 [-1, 1] 区间相对于原点对称，功能与 S 型函数类似，有时能简化计算。

高斯函数表达式如下：

$$f(x) = \exp\left[-\frac{1}{2\sigma_i^2} \sum_j (x_j - w_{ji})^2\right] \qquad (3-6)$$

高斯函数常用于径向基神经网络。

在解决实际问题中应用神经网络算法时，先由算法设计者设定好网络结构，然后由神经网络算法计算基于此网络结构的最优模型参数。网络链路权重初始化：神经网络在训练时需要初始化权重参数，一般在网络创建时随机地把权重初始化在 0~1。

3.3.2　模型构建

在传统需求分析的专家打分阶段，专家的知识储备、工作经验以及情绪和对指标认知程度的模糊性、易变性严重影响了打分的客观性、公平性。基于机器学习的 GQFD 需求分析方法是在专家历史评分信息的基础上运用神经网络算法构建专家打分模型，其目的是由机器代替专家自动地对指标的重要度权值进行评分，降低主观因素对指标重要度权值的影响[116]。

（1）指标特征属性矩阵。

每个指标均有各自的属性特征，如位置、作用、范围等，并且每位专家为某一指标打分时都要基于这些特征属性进行比较和选择。用向量 $h = [h_1, h_2, \cdots, h_d, \cdots, h_v]$ 描述所有的指标特征，v 是所有指标特征的数量。一个指标可以有多个特征，指标通常是由它本身具有的多个指标特征信息来描述的，即某一指标 T 可以通过一个指标特征属性组成的向量表示如下：

$$\boldsymbol{p}_T = \begin{bmatrix} p_1 & p_2 & \cdots & p_d & \cdots & p_v \end{bmatrix} \qquad (3-7)$$

上述向量中，p_d 是指标的特征属性，$1 \leqslant d \leqslant v$，其中：

$$\boldsymbol{p}_d = \begin{cases} 0 & \text{不具有特征 } h_d \\ (0,1] & \text{具有特征 } h_d \end{cases} \qquad (3-8)$$

（2）专家打分模型分析。

专家对指标特征的认知程度是对该指标进行评分的前提。可以采用一个打分函数定义专家对某项指标特征 d 的认识程度：

$$c_d = f(h_d) \qquad (3-9)$$

式中，c_d 是专家对指标特征 h_d 的认知程度。

专家对某个指标 T 的打分是专家对该指标各项特征的认知程度共同作用的结果。定义 $y_T = c_d \times \boldsymbol{p}_T$，则共同作用可表示为

$$d = g(y_1, y_2, \cdots, y_v)$$

由 $c_d = f(h_d)$ 和 $d = g(y_1, y_2, \cdots, y_v)$ 及二者的关系 $y_T = c_d \times \boldsymbol{p}_T$，得到专家打分模型表达式：

$$d = l(p_1, p_2, \cdots, p_v) \qquad (3-10)$$

由上述公式可知，专家对指标重视程度与指标本身包含的特征具有密切的关系。确定专家对指标重视程度与指标特征二者的关系是构建专家打分模型的关键。采用以 BP 神经网络算法为基础的机器学习方法，通过模拟二者复杂的、非线性的映射关系建立专家打分模型。

（3）BP 神经网络的结构。

专家打分模型的构建一般需要分两个阶段完成，第一阶段是专家对某项指标特征的认知程度，即式 $c_d = f(h_d)$ 函数的构建，第二阶段需完成式 $d = g(y_1, y_2, \cdots, y_v)$ 函数的构建。

构建 BP 神经网络采用三层结构：第一层为输入层，用来输入指标特征数据，神经元数量与指标特征向量维数一致；第二层为隐含层，代表专家对某个指标特征的认知程度，该层与输入层神经元个数一致；第三层为输出层，用来输出能力指标评分，神经元数量与输出指标向量维数一致，此网络中输出层神经元数量为 1。输入层与隐含层之间可以看作构建的第一步函数模型；

隐含层与输出层之间可以看作构建的第二步函数模型。BP 神经网络三层结构图如图 3-8 所示。

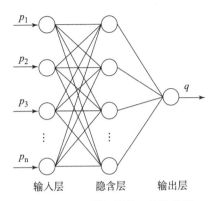

图 3-8　BP 神经网络三层结构图

Figure 3-8　BP neural network three layers structure diagram

（4）打分模型的样本、输入和输出。

专家对以往指标的打分信息作为模型的训练样本。每一个已经打分的指标 T，都存在一个映射关系，即打分模型的输入因子：指标特征向量 $\boldsymbol{p}_T = [p_1(T) \quad p_2(T) \quad \cdots \quad p_3(T)]$，以及打分模型的输出因子：专家对该指标的评分 $q(T)$，二者构成了该打分模型的一个样本 $yb(T) = (\boldsymbol{p}_T, q(T))$，专家评价过的所有指标的打分信息构成了样本集。对尚未评分的指标，将其指标特征作为输入因子，输入训练成熟的专家打分模型，输出值就是专家对该指标的打分。

（5）神经网络的训练。

在确定打分模型输入、输出和训练样本的前提下，对打分模型进行训练，不断改善神经网络连接权重，使其更好地体现专家对指标的认知程度。当训练的误差精度达到要求范围，或迭代次数大于设定次数时停止训练。

3.3.3　模型应用

每个指标均有各自的属性特征，对上文中的智能化装备保障能力指标一般选取战场作用、制胜机理、影响范围、战略地位、效能释放五个方面作为指标的属性特征，每位专家为某一指标打分时都要基于这些特征属性进行比较和选择，最终给指标打分。确定专家对指标重视程度与指标特征二者之间的关系，是构建专家打分模型的关键。

确定三层 BP 神经网络神经元数量，第一层输入层神经元数量为 5，与指标特征向量数一致；设定第二层隐含层神经元数量与输入层神经元数量一致；第三层输出层神经元数量为 1。确定神经网络结构之后，从往年军事演习或其他军事活动中采集相关数据集，训练时，首先对样本数据进行归一化处理，统一量纲，归一化后的样本打分值如表 3-4 所示。激活函数选用 S 型函数，设定学习率为 0.01，正则化系数为 0.1，初始权值为（-1，1）之间的随机数。采用梯度下降法反复调整训练相关参数，当训练的均方误差达到 10^{-3} 时，停止训练。

表 3-4 指标打分样本表
Table 3-4 Indicator scoring sample table

指标	属性特征					分值
	战场作用	制胜机理	影响范围	战略地位	效能释放	
1	0.3	0.5	0.7	0.9	0.5	6
2	0.3	0.4	0.6	0.5	0.6	5
3	0.7	0.7	0.8	0.8	0.7	8
4	0.6	0.5	0.7	0.6	0.4	6
5	0.8	0.7	0.7	0.6	0.7	7
6	0.5	0.6	0.4	0.3	0.5	4
7	0.2	0.3	0.1	0.3	0.2	2
8	0.4	0.3	0.4	0.5	0.4	4
9	0.3	0.4	0.2	0.5	0.3	3
10	0.4	0.5	0.5	0.4	0.5	5
11	0.7	0.8	0.9	0.8	0.7	8
12	0.6	0.6	0.7	0.5	0.4	6
13	0.9	0.8	0.8	0.8	0.9	9
14	0.8	0.7	0.6	0.8	0.7	7

续表

指标	属性特征					分值
	战场作用	制胜机理	影响范围	战略地位	效能释放	
15	0.3	0.2	0.2	0.4	0.3	3
16	0.4	0.3	0.5	0.6	0.3	4
17	0.5	0.6	0.8	0.4	0.5	6
18	0.8	0.7	0.7	0.7	0.9	8
19	0.6	0.5	0.7	0.4	0.5	5
20	0.9	0.8	0.9	0.8	0.9	9
21	0.8	0.7	0.6	0.9	0.8	7
22	0.4	0.3	0.5	0.4	0.3	4
23	0.5	0.6	0.8	0.4	0.6	6
24	0.3	0.4	0.4	0.2	0.3	3
25	0.6	0.4	0.7	0.5	0.4	5
26	0.8	0.7	0.9	0.6	0.8	6
27	0.2	0.1	0.3	0.2	0.1	2
28	0.3	0.4	0.3	0.2	0.2	3
29	0.9	0.8	0.8	0.7	0.9	8
30	0.8	0.9	0.9	0.8	0.9	9

通过 1~27 组指标参数作为训练样本对神经网络进行训练,对 28~30 组指标参数作为测试样本对评估模型进行验证。上述训练样本和测试样本的实际值与预测值对比结果如图 3-9 所示。

从图 3-9 可以看出,样本的预测值与实际值基本一致,说明基于 BP 神经网络的机器学习打分模型在指标评估中使用是可行的。按照上述模型构建方法,采集更多的数据,训练更多的专家打分模型,不断丰富模型库的多样性。

确定表 3-2 中的智能化装备保障任务指标、表 3-3 中的智能化装备保障能力指标的特征属性值,如表 3-5 所示。

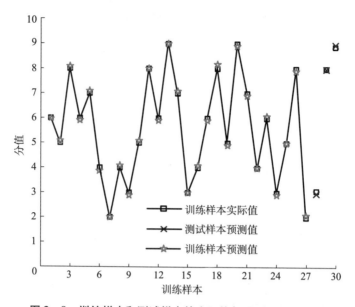

图 3-9 训练样本和测试样本的实际值与预测值对比结果

Figure 3-9 Comparison of actual and predicted values of training samples and test samples

表 3-5 特征属性值

Table 3-5 Feature attribute values

指标	X_1	X_2	X_3	X_4	Y_1	Y_2	Y_3	Y_4	Y_5	Y_6	Y_7
战场作用	0.6	0.5	0.5	0.4	0.7	0.8	0.9	0.7	0.8	0.5	0.6
制胜机理	0.8	0.6	0.4	0.5	0.4	0.6	0.7	0.8	0.8	0.6	0.8
影响范围	0.4	0.8	0.3	0.3	0.6	0.5	0.7	0.9	0.7	0.5	0.7
战略地位	0.5	0.7	0.4	0.3	0.5	0.7	0.8	0.8	0.9	0.4	0.8
效能释放	0.7	0.8	0.3	0.2	0.3	0.4	0.5	0.7	0.6	0.4	0.6

从上述训练成熟的专家打分模型中,随机选取 15 个专家打分模型,根据表 3-5 中的特征属性值对相应的指标进行评分,评分结果如表 3-6 所示。

表 3-6 专家打分模型评分表

Table 3-6 Score table of expert preference model

序号	X_1	X_2	X_3	X_4	Y_1	Y_2	Y_3	Y_4	Y_5	Y_6	Y_7
1	7.002	6.107	4.104	6.201	6.005	7.301	9.206	8.004	8.103	5.401	7.307
2	6.038	7.061	7.082	6.091	7.200	7.065	7.132	9.203	8.238	4.319	8.217
3	6.102	4.002	4.041	5.103	6.002	8.101	8.044	7.105	7.008	5.031	6.056
4	5.091	6.021	5.005	3.043	6.104	5.023	6.006	8.017	7.003	6.014	7.002
5	7.003	6.100	6.004	5.012	5.003	6.001	7.021	8.024	9.106	5.011	8.030
6	4.001	7.111	5.051	4.003	4.005	7.018	8.104	7.102	9.132	4.005	7.201
7	6.104	5.031	3.001	5.019	3.001	5.003	9.203	8.171	8.200	5.016	7.108
8	5.016	6.001	5.017	6.032	6.026	5.010	6.061	7.109	9.215	5.006	6.011
9	7.100	4.000	4.001	5.015	7.023	6.011	8.191	9.108	7.001	6.021	8.104
10	7.102	3.001	6.103	4.012	7.112	7.008	8.010	8.210	8.007	4.002	7.031
11	5.004	6.012	4.000	3.001	6.031	4.000	7.024	8.100	8.009	5.014	9.202
12	4.001	7.002	6.050	3.000	5.005	5.001	9.105	7.039	9.041	6.033	6.013
13	6.015	4.001	5.021	4.002	6.010	7.013	7.002	8.018	7.001	6.001	7.045
14	3.000	5.006	5.007	5.011	7.037	6.044	7.021	8.004	7.046	7.041	8.142
15	6.030	6.013	6.060	5.012	5.029	5.020	7.011	9.029	8.022	6.002	8.027

3.4 建立灰色综合关联矩阵

3.4.1 灰色关联矩阵的建立步骤

采用 GQFD 方法的灰色综合关联矩阵建立步骤如下[117~118]：

设 $X_i = (x_i(1), x_i(2), \cdots, x_i(n))$，$i = 1, 2, \cdots, s$ 为任务指标序列；$Y_j = (y_j(1), y_j(2), \cdots, y_j(n))$，$j = 1, 2, \cdots, m$ 为能力指标序列，n 为专家打分模型数，ε_{ij} 为 X_i 与 Y_j 的灰色绝对关联度，r_{ij} 为 X_i 与 Y_j 的灰色相对关联度，ρ_{ij} 为 X_i 与 Y_j 的灰色综合关联度。

（1）计算灰色绝对关联度 ε_{ij}。

$$|X_{si}| = \left| \sum_{k=2}^{n-1} x_i^0(k) + \frac{1}{2}x_i^0(n) \right| \tag{3-11}$$

$$|Y_{sj}| = \left| \sum_{k=2}^{n-1} y_j^0(k) + \frac{1}{2}y_j^0(n) \right| \tag{3-12}$$

$$|Y_{sj} - X_{si}| = \left| \sum_{k=2}^{n-1} (y_j^0(k) - x_i^0(k)) + \frac{1}{2}(y_j^0(n) - x_i^0(n)) \right| \tag{3-13}$$

式（3-11）~式（3-13）中，上标"0"表示对该数据进行始点零化处理（始点零化：每行的数减去第一个数）。X_i 与 Y_j 的灰色绝对关联度为

$$\varepsilon_{ij} = \frac{1 + |X_{si}| + |Y_{sj}|}{1 + |X_{si}| + |Y_{sj}| + |Y_{sj} - X_{si}|} \tag{3-14}$$

（2）计算灰色相对关联度 r_{ij}。

$$|X'_{si}| = \left| \sum_{k=2}^{n-1} x_i^{0'}(k) + \frac{1}{2}x_i^{0'}(n) \right| \tag{3-15}$$

$$|Y'_{sj}| = \left| \sum_{k=2}^{n-1} y_j^{0'}(k) + \frac{1}{2}y_j^{0'}(n) \right| \tag{3-16}$$

$$|Y'_{sj} - X'_{si}| = \left| \sum_{k=2}^{n-1} (y_j^{0'}(k) - x_i^{0'}(k)) + \frac{1}{2}(y_j^{0'}(n) - x_i^{0'}(n)) \right| \tag{3-17}$$

式（3-15）~式（3-17）中，上标"0'"表示对该数据进行初值化后又进行始点零化的处理（初值化：每行的数除以第一个数）。X_i 与 Y_j 的灰色相对关联度为

$$r_{ij} = \frac{1 + |X'_{si}| + |Y'_{sj}|}{1 + |X'_{si}| + |Y'_{sj}| + |Y'_{sj} - X'_{si}|} \tag{3-18}$$

（3）计算灰色综合关联矩阵 $\boldsymbol{\Psi}$。

X_i 与 Y_j 的灰色综合关联度为 $\rho_{ij} = \theta \varepsilon_{ij} + (1-\theta) r_{ij}$，通常取 $\theta = 0.5$，计算可得灰色综合关联矩阵 $\boldsymbol{\Psi}$：

$$\boldsymbol{\psi} = \rho_{ij_{s \times m}} = \begin{bmatrix} \rho_{11} & \rho_{12} & \cdots & \rho_{1m} \\ \rho_{21} & \rho_{22} & \cdots & \rho_{2m} \\ \vdots & \vdots & \ddots & \vdots \\ \rho_{s1} & \rho_{s2} & \cdots & \rho_{sm} \end{bmatrix} \tag{3-19}$$

（4）计算任务指标重要度 λ。

如果 $\exists k,t \in \{1,2,\cdots,s\}$ 能够使 $\rho_{kj} \geqslant \rho_{tj}, j = 1,2,\cdots,m$，说明任务指标 X_k 优于指标 X_t，称 $X_k > X_t$；

如果 $\exists k,t \in \{1,2,\cdots,s\}$ 能够使 $\sum_{i=1}^{m} \rho_{kj} \geqslant \sum_{i=1}^{m} \rho_{tj}, j = 1,2,\cdots,m$，说明任务指标 X_k 准优于指标 X_t，称 $X_k \geqslant X_t$。

据此，可以得到任务指标 X_i 的重要度排序（序关系）：$X_a \cdot X_b \cdot X_c \cdot X_d \cdots$，$\cdot \in \{>, \geqslant\}$，其中 $a,b,c,d\cdots$ 分别属于 $(1, 2, 3, \cdots, s)$ 中的某一项，然后求其重要度。

在任务指标 X_i 的重要度由大到小的排列中，若处于位置 l 的任务指标优于处于位置 $l+1$ 的任务指标，即 $X_{i_l} > X_{i_{(l+1)}}$，则任务指标的重要度为

$$\lambda_{i_l} = s - l + 1 \tag{3-20}$$

若处于位置 l 的任务指标准优于处于位置 $l+1$ 的任务指标，即 $X_{i_l} \geqslant X_{i_{(l+1)}}$，则任务指标的重要度为

$$\lambda_{i_l} = s - l + \mu \tag{3-21}$$

式中，μ 为任务指标重要度分辨因子，$0 \leqslant \mu \leqslant 1$，$\mu$ 越大，说明任务指标越重要，重要度越大，一般情况下取 $\mu = 0.5$。

3.4.2 任务指标与能力指标的灰色关联矩阵

根据表 3-6 中的打分模型评分结果，利用公式（3-19），可得智能化装备保障任务指标 X_i 和智能化装备保障能力指标 Y_j 的灰色综合关联矩阵 ψ：

$$\psi = \begin{bmatrix} 0.6266 & 0.8549 & 0.9508 & 0.5739 & 0.5634 & 0.6351 & 0.6205 \\ 0.7654 & 0.8299 & 0.7606 & 0.6526 & 0.6293 & 0.7813 & 0.7540 \\ 0.6367 & 0.9063 & 0.8457 & 0.5775 & 0.5647 & 0.6440 & 0.6315 \\ 0.6168 & 0.8322 & 0.9250 & 0.5677 & 0.5578 & 0.6242 & 0.6114 \end{bmatrix}$$

由于灰色综合关联矩阵满足：

$$\sum_{j=1}^{7} \rho_{2j} > \sum_{j=1}^{7} \rho_{1j} > \sum_{j=1}^{7} \rho_{3j} > \sum_{j=1}^{7} \rho_{4j}$$

从而可得出智能化装备保障任务指标的重要度排序，$X_2 \geqslant X_1 \geqslant X_3 \geqslant X_4$，

根据式（3-21），取 $\mu = 0.5$，求得智能化装备保障任务指标 X_i 的权重 λ_i：
$(\lambda_1, \lambda_2, \lambda_3, \lambda_4) = (2.5, 3.5, 1.5, 0.5)$

3.5 搭建"任务指标—能力指标"HOQ 模型

质量屋是需求分析的关键，其功能是实现任务指标与能力指标之间重要度权值的转换。在确定灰色综合关联矩阵和任务指标重要度权值后，搭建如图 3-10 所示的任务指标—能力指标 HOQ 模型，用于量化描述任务指标与能力指标之间的关系。HOQ 模型中质量屋的左墙矩阵表示智能化装备保障任务指标集，右墙矩阵表示智能化装备保障任务指标重要度权值，天花板矩阵表示智能化装备保障能力指标集，屋顶相互关系矩阵表示智能化装备保障能力指标之间的相互关系，房间灰色综合关联矩阵表示智能化装备保障任务指标与智能化装备保障能力指标之间的灰色关联关系，地板保障能力指标重要度表示经过计算得出的保障能力指标的重要度权值，是模型的输出部分。HOQ 模型的计算是将右墙任务指标重要度权值的每一个元素与房间相互关系矩阵

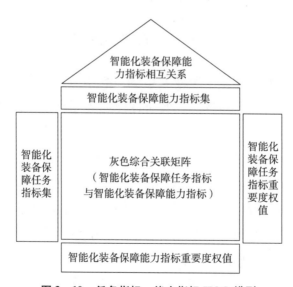

图 3-10　任务指标—能力指标 HOQ 模型

Figure 3-10　HOQ model of task index – intelligent index

中的每个元素相乘后相加,结果即地板能力指标重要度权值。某项数值越高表示该指标的重要性越大[119]。

利用确定的各指标参数,按照 HOQ 模型计算方法,如式(3-22)所示,确定各智能化装备保障能力指标的重要度权值 ω_j。

$$\omega_j = \sum_{i=1}^{n} \rho_{ij}\lambda_i \tag{3-22}$$

将灰色综合关联矩阵 ψ 与智能化装备保障任务指标 X_i 的绝对权值(λ_1,λ_2,λ_3,λ_4)填入 HOQ 模型中,由式(3-22)可得智能化装备保障能力指标 Y_j 的重要度权值 ω_j,如表 3-7 所示。

$(\omega_1,\omega_2,\omega_3,\omega_4,\omega_5,\omega_6,\omega_7) = (5.5087,6.8173,6.7701,4.8689,$
$4.7375,5.6003,5.4433)$

表 3-7 智能化装备保障任务指标—能力指标质量表

Table 3-7 Quality scale of task index – capability index for intelligent equipment support

智能化装备保障任务指标	智能化装备保障能力指标							任务指标重要度
	Y_1	Y_2	Y_3	Y_4	Y_5	Y_6	Y_7	
X_1	0.6266	0.8549	0.9508	0.5739	0.5634	0.6351	0.6205	2.5
X_2	0.7654	0.8299	0.7606	0.6526	0.6293	0.7813	0.7540	3.5
X_3	0.6367	0.9063	0.8457	0.5775	0.5649	0.6440	0.6315	1.5
X_4	0.6168	0.8324	0.9250	0.5675	0.5578	0.6242	0.6114	0.5
能力指标重要度权值 ω_j	5.5087	6.8173	6.7701	4.8689	4.7375	5.6003	5.4433	

从表 3-7 中可以看出,表 3-3 中的智能化装备保障能力指标的重要度权值相差不大,说明所分析出来的保障能力指标对智能化装备保障建设来说,都是需要重点发展建设的内容。

上述重要度权值确定结果符合智能化装备保障能力指标的内在逻辑,智能化装备保障的制胜机理是"以智取胜"[120]。夺取"制智权"依靠的是信息的智能处理,看中的是算力、算法,在装备保障活动中信息智能处理能力是必需的;智能指挥决策是所有智能化装备保障行动的发起点,起到指引保障行动方向的作用；网络广域通联是数据实时采集的基础，二者是获取保障数据、共享保障信息的关键能力指标；力量模块重组是智能化装备保障信息共享的外在表现，是实施保障活动的主体；物资随需配送与智能检测维修属于具体的装备保障活动，是智能化装备保障的具体执行环节。综上所述，分析结果是合理的，说明该分析方法的有效性与科学性，且该方法可以推广应用于其他能力指标重要度权值的确定。

3.6　本章小结

本章重点对陆军智能化装备保障能力指标重要度进行了研究。由于传统的基于专家经验的装备保障能力重要度分析方法易受主观因素干扰，且指标之间缺少关联性分析，使需求分析结论的可靠性、客观性受到一定程度的影响。本章运用 IDEF 分析工具，沿着作战任务—装备保障任务—装备保障能力的路径逐步映射，确定了智能化装备保障任务指标和能力指标。在此基础上，运用机器学习理论构建专家打分模型，对指标进行评分，确定任务指标矩阵和能力指标矩阵，并进行灰色关联处理，得到任务指标与能力指标之间的灰色综合关联矩阵和任务指标重要度，用灰色综合关联矩阵替代传统 QFD 方法中的相对关联矩阵，构建基于灰色关联矩阵的任务指标—能力指标质量屋 HOQ，确定能力指标的重要度权值。

第4章 基于人—机—环境理论的陆军智能化装备保障体系构建

当前,现代化陆战场更加强调智能技术支撑下的体系对抗,作战节奏激烈、任务转换频繁、保障环境恶劣、毁伤机理复杂,传统的基于机械化、信息化的装备保障体系难以满足作战对装备保障的需求,必须依托智能技术丰富体系组成、调整体系结构、拓展体系功能,逐渐形成具有智能化特征的装备保障体系。本章内容主要是在陆军智能化装备保障能力需求分析的基础上,按照以保障任务定保障能力、以保障能力定保障体系内容的逻辑思路,从战略全局角度出发,明确陆军智能化装备保障体系构建的目标、原则、方法,运用"人—机—环境"系统工程理论打造具有智能化特征的装备保障体系。

4.1 陆军智能化装备保障体系的构建目标

作为陆军作战体系的重要组成部分,陆军智能化装备保障体系是一个能够为武器装备提供保障性服务的复杂系统[121]。因此,陆军智能化装备保障体系的构建必须聚焦陆军使命任务,紧贴部队实战需求,与陆军全域作战任务相适应、与装备保障需求相统一、与智能技术发展同步、与战场需求无缝链接,将智能元素融入装备保障"态势感知、指挥决策、保障实施"等关键环节,充分发挥智能的倍增效应,最终形成智能化特征突出的装备保障体系。

(1)在态势感知方面。在陆军智能化装备保障体系中,装备保障态势感知是获取保障数据、掌握保障态势的重要手段[122]。着眼装备保障信息动态采集与智能共享,适应我军塑造基于网络信息体系的一体化联合作战能力要求,采取"广域覆盖、互联互通"的建设理念，构建相对独立、全域覆盖、全军一体的态势感知网络，实现保障资源的智能感知与动态入网，为物流、信息流提供畅通、快捷、可靠的通道。态势感知的功能应聚焦于使战场不同位置的人员、物资、装备等要素超越隶属关系和军种界限，有序高效链接，实现装备保障内部诸要素的聚合，外部相关作战和保障要素的联通，促进装备保障信息动态采集、实时共享，不同空间、不同形式的效能聚合，形成泛在互联、精准赋能的装备保障态势感知网络体系。

（2）在指挥决策方面。在陆军智能化装备保障体系中，智能决策是依靠感知数据形成保障方案、引导保障行动的核心。在"人在环上"的智能化初级阶段，需要建设以人为主、机器为辅的智能决策框架，建立人机融合式的智能决策模式，将云端决策、边缘装置、智能终端等纳入体系建设中，实现海量态势感知数据的分层、高效处理，快速生成合理的装备保障方案[123]。

（3）在保障实施方面。在陆军智能化装备保障体系中，装备保障实施是整个保障活动的末端执行环节，决定着保障效能的释放。在机动作战、立体攻防的要求下，装备保障行动应当满足全域性、机动性的作战需求。现阶段需要采用以人为主、人机协同的保障行动方式，实现保障物资的智能化管理和立体化投送，实现装备故障的快速检测和维修。

4.2 陆军智能化装备保障体系的构建原则

陆军智能化装备保障体系的构建过程应以体系建设思想为基本遵循，突出智能的主导作用，坚持以先进理论为指导、以作战需求为牵引、以智能技术为驱动，以及平时、战时相结合的建设原则，科学统筹、合理布局，逐步完善智能化装备保障体系结构和功能[124]。

（1）理念先导。装备保障理念指导和牵引保障活动的实施。当前，战争形态正在向战场无人化、力量融合化、人机协同化方向加速转变，武器装备的智能化水平和结构复杂程度不断提高，传统的装备保障理念、模式和手段难以满足新的装备保障需求。应树立具有智能化特征的信息化新型装备保障理念，充分利用智能技术在装备保障领域带来的渗透效应，在装备保障活动的感知、决策、指挥和行动等关键环节中注入智能化的元素，变革传统的装备保障理念，摆脱陈旧观念的束缚，扭转具有先导作用的保障理念滞后于保障技术创新的被动局面，推动智能化装备保障体系建设。

（2）作战牵引。作战需求是智能化装备保障体系构建的发起点，决定了保障体系的发展方向。智能化装备保障体系建设必须以作战需求为牵引，遵循智能化作战制胜机理，突出装备保障与作战体系相互影响、相互耦合的内在联系，使保障体系与联合作战体系精准对接、高度协调。以智能化作战需求引领陆军智能化装备保障体系发展，以战斗力生成为标准，优化保障体系结构，完善保障体系内容，沿着"作战需求—保障任务—保障能力—体系构建"的路径，推进智能化装备保障体系建设。

（3）智能驱动。智能化装备保障体系建设必须适应机械化、信息化、智能化融合发展的要求，以智能技术为突破口，加大保障体系创新。陆军智能化装备保障体系构建应把握军事智能科技特点规律，将智能技术物化到装备保障活动的全过程和全系统中，使智能成为提升装备保障能力的第一要素，依靠智能的倍增效应提高装备保障活动的态势感知、指挥决策、行动协同等能力，形成具有智能化特征的装备保障模式，不断提高智能技术对装备保障的贡献率。

（4）平战一体。从近几年的局部战争可以看出，战争的突发性、偶然性不断增大，要求装备保障能够快速形成保障能力。因此，陆军智能化装备保障体系建设，应统筹平时战备训练和战时保障需求两个方面，从研究论证、基础设施、装备发展等各个层面，搞好平战结合，做好平战转换，防止平战脱节。

4.3 人—机—环境理论在智能化装备保障中的应用

人—机—环境系统工程理论，是将人—机—环境三要素作为体系的组成部分，促使三者的相互匹配关系达到最佳的一门学科[125]。根据该理论，智能化装备保障体系是通过将相关的保障能力指标要素按照人、机、环境的逻辑关系聚合起来形成的相互衔接、相互配合的有机整体，属于典型的人—机—

环境系统。

4.3.1 构成要素分析

要素是构建体系结构的基本单元，对组成要素进行深入分析，是构建智能化装备保障体系的基础。与传统的人、机、环境要素相比，构成智能化装备保障体系的人、机、环境要素的性质发生了质的改变。

智能化装备保障体系中的"人"，是对具备能动地实施装备保障活动能力的人和装备的抽象描述，主要包括装备保障人员和具有自主能力的智能保障平台。"人"是智能化装备保障体系中的主导要素，通过监督、操作、控制其他要素发挥保障体系的能动性[126]。随着智能保障装备的应用，人的作用逐渐由前台转为后方，由执行变为控制。同时，也应该认识到，其他要素的合理匹配是保障体系中的"人"发挥作用的基础。

智能化装备保障体系中的"机"，是具备一定智能水平的保障装备，是开展保障活动的介质、工具。保障体系中的"机"具备自然和社会两种属性[127]。首先，智能保障装备是能够延伸、拓展人的智能和肢体活动的介质，属于自然世界的一部分；其次，智能保障装备是按照人的思想设计、研制出来的，是能够满足人的需求的产物，具有一定的社会属性。

智能化装备保障体系中的"环境"，是指支撑保障体系中的"人"使用保障体系中的"机"发挥作用的战场条件。智能化装备保障体系中的"环境"要素包括物理空间、信息空间、认知空间的各种支撑条件[128]。智能化装备保障体系是在智能化条件下由人设计的社会系统，其作用的发挥、功能的实现都需要一定的支撑条件。一方面，战场中的基础设施、虚拟资源等是装备保障体系运行的基础，决定着保障体系的要素匹配和能力输出。另一方面，装备保障体系应与战场实际情况相适应，才能发挥保障的整体性。

4.3.2 构成要素聚合

装备保障体系由人、机、环境这三个要素之间形成相互协调、相互适应的整体，才能充分释放保障体系的效能。

根据第3章智能化装备保障需求分析结论，在体系建设中应重点关注的装备保障能力指标为数据实时采集、信息智能处理、智能指挥决策、物资随需配送、智能检测维修、网络广域通联、力量模块重组。根据上述建设指标，将人、机、环境三个要素进一步分类细化，其中，要素"人"包括智能指挥决策、力量模块重组两个指标要素；要素"机"包括信息智能处理、物资随需配送、智能检测维修三个指标要素；要素"环境"包括数据实时采集、网络广域通联两个指标要素。为了便于装备保障建设，对上述细化的要素进行聚合分析，按照"感知—决策—行动"的逻辑思路，各指标要素可聚合成为态势感知、智能决策、保障实施三个分支体系。上述过程，既考虑到内部各组成要素之间的联系，又能将各分支体系区分开来，有助于智能化装备保障体系的形成与建设。

智能化装备保障体系的运行过程可以简要概述为在智能化作战环境下，态势感知形成保障态势，依据保障态势进行智能决策，按照决策方案实施保障行动。可以看出，各分体系之间相互配合、相互衔接、层层递进，使人、机、环境三个要素相互匹配，最终形成以人、机、环境三个要素为基础，以态势感知体系、智能决策体系、保障实施体系三个分支体系为框架的智能化装备保障体系。形成的基于人—机—环境理论的智能化装备保障体系示意图如图4-1所示。

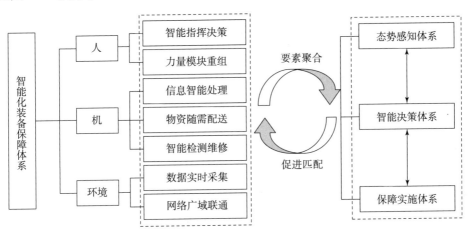

图 4-1 基于人—机—环境理论的智能化装备保障体系示意图

Figure 4-1 Schematic diagram of intelligent equipment support system based on man-machine-environment theory

4.4 陆军智能化装备保障体系构建过程

根据上述分析,陆军智能化装备保障体系主要包括态势感知体系、智能决策体系、保障实施体系三个部分。为体现出装备保障的智能特征,可以将陆军智能化装备保障体系看作人体,那么态势感知体系就是人体的神经,称为"管神经",智能决策体系就是人体的大脑,称为"云大脑",保障实施体系就是人体的器官,称为"端器官"。其组成示意图如图4-2所示。

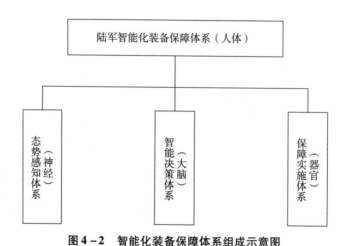

图4-2 智能化装备保障体系组成示意图

Figure 4-2 Schematic diagram of intelligent equipment support system

4.4.1 态势感知体系

态势感知体系是智能决策体系与保障实施体系之间的桥梁,是获取保障态势信息的基础,是各类智能化保障单元共享信息的"纽带"[129]。

根据态势感知建设目标,态势感知体系建设应注意三个方面,一是全域性,主要是以全域保障力量部署、保障物资供应与需求等为感知对象的整体感知,从战场全局层面感知保障态势;二是局部性,主要是以武器装备的技术状况、运行参数、剩余寿命等为感知对象的局部感知,从局部层面感知装备状态;三是实时性,主要依靠合理设置态势感知终端和传输网络,实现保障资源管理、武器装备状况、力量调配调度等保障数据的高效动态采集和实时传输共享。态势感知体系组成示意图如图4-3所示。

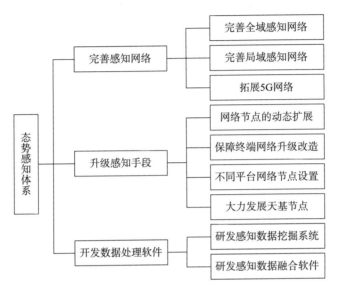

图4-3 态势感知体系组成示意图

Figure 4-3 Schematic diagram of situation awareness system

4.4.1.1 完善感知网络

态势感知基础网络是遂行装备保障信息采集、传输、共享、融合等任务的通道，是网络信息体系的重要组成部分[130]。一是完善全域感知网络。该网络的主要功能是全面感知装备保障态势，达到观察即感知、识别即判断的目标。建立一个能够覆盖各个区域，包含多个网络子系统和网络节点的巨型感知网络系统。该系统以军事综合信息网为主干道，以卫星通信网为主体、无线接入网为补充、区域网络为扩展、智能终端感知网为源头，将网络节点延伸至部队装备保障末端，构建全域覆盖的信息传输"神经网络"，智能感知保障资源"储、供、运、修"等各个方面和环节的动态信息，全程跟踪物资流、装备流、人员流，形成完整的装备保障链，打通数据采集、传输、存储、共享的通道，为数据传输、信息共享提供"高速路网"。二是完善局域感知网络。该网络主要功能是在某特定保障机构、保障力量、保障单元内部，实现保障态势的感知，以及信息的快速共享，实现感知即决策、决策即行动的目标。通过科学配置局域感知网络元件层、网络层、传输层的多个智能节点，使其具有自组网、自适应、自进化功能，实现不同节点之间自主协同信息传输。三是拓展 5G 网络。在装备保障领域，充分利用 5G 通信网络广域覆盖、高速传输的特点，构建"全域覆盖、动态互联、星网融合"的态势感知网络，把保障物资、人员、装备以及行动等保障全要素通过信息网络融为一体，以网络为中心整合装备保障诸要素形成体系保障能力[131]。5G 网络强化"横向到边、纵向到底、精确到点"的网络信息体系的泛在互联，拓展网络覆盖范围；充分发挥 5G 微基站灵活简易、便于安装的优势，在宏基站无法覆盖的区域内合理安置微基站，延伸通信网络末梢，使网络进入高品质的深度覆盖，达到所有保障要素都能突破时间、地点和空间的限制，在该基站覆盖范围的任何角落连接到网络信号，为泛在网络的全面实现提供可能；依托 5G 技术广域覆盖、高速传输、强兼容性的特性，将战场范围内离散的卫星通信、无线电、光纤通信以及计算机网络纳入 5G 通信网络体系中，形成一张相互兼容、立体交叉的分布式交互网络，进一步强化网络深度融合。

4.4.1.2 升级感知手段

综合运用计算机、条形码识别、射频识别、卫星定位监测和无线电接入等高新技术，建成固定与机动相结合、空中与地面相互补充的感知终端系统，实现保障资源的可视化感知。一是网络节点的动态扩展。5G 网络环境下的终端将不是"终"端，也可作为网络传输的发起点。任何一个保障单元都可视为网络节点，任何一个节点都可以设置为网络中心，实现网络节点的动态连接。二是保障终端网络升级改造。对进入供应链的保障物资加装电子标签，在野战仓库、机场、码头、集散点等物资中转站装配扫描器、询问机等自动识别装置，在运输车辆加装卫星通信和定位跟踪系统，使实物成为能够联网的智能体，使其具有网络信息接收、发射、自组网、自通联等能力，提升保障终端的动态组网能力。三是不同平台网络节点设置。充分发挥物联网、北斗导航定位等技术优势，将电子标签、二维码、北斗导航模块等感知入网设备与武器装备相结合，加强无人机、舰艇等装备上的网络节点建设，建成固定与机动相结合、空中与地面相互补充的网络节点群，形成"平台设点、网随点动"的动态信息网络,实现不同空间的保障要素动态互联。四是大力发展天基节点。卫星通信基本上不受地形影响,且覆盖区域广。在卫星通信与地面网络深度融合的基础上,可以采用卫星中继代替光纤,将卫星作为一个通信节点传输信息,对地面网络触及不到或者维护成本较高的极地、高原、深海、沙漠等区域进行覆盖,以经济高效的方式,极大地拓展网络覆盖范围,解决恶劣环境下的态势感知问题。

4.4.1.3 开发数据处理软件

态势感知体系不仅要感知战场态势,还需要对感知数据进行初步处理,形成对战场态势的理解和预测。由于在复杂的战场环境中,装备保障态势感知数据具有海量、多源等特点,必须开发数据处理的相关软件,确保装备保障速度跟上作战节奏。一方面,研发感知数据挖掘系统。智能化装备保障在陆、海、空、网络、认知等多个空间展开,在大数据、云计算、神经网络等高新技术支撑下,建立涵盖战略、战役、战斗多个层级,涉及军委、战区、部队多个环节的多域态势数据处理系统,使其能够对具有瞬时海量、多源异构等特点的装备保障数据进行挖掘分析,探索隐藏在数据背后的特点和规律,实施信息监控、态势理解、情况判断、态势预测,为装备保障指挥决策、计划制订等提供可靠依据。另一方面,研发感知数据融合软件。对海量保障数据进行预先处理、动态融合,快速生成装备保障综合态势图,并能够将保障态势信息进行及时分发与流转。

4.4.2 智能决策体系

智能化作战具有参战部队构成多元、战场态势复杂多变等特点,给指挥员快速做出决策带来了极大的挑战。智能决策体系包括分布式云平台、边缘装置、智能终端等物理或虚拟设备,是装备保障的核心和"大脑"[132]。装备保障决策装备可以独立发挥决策中枢作用,也可以将具有特定功能的智能决策集成芯片、模块嵌到"管神经"装备和"端器官"装备中,形成边缘决策装置,进行局部范围决策。智能决策体系组成示意图如图4-4所示。

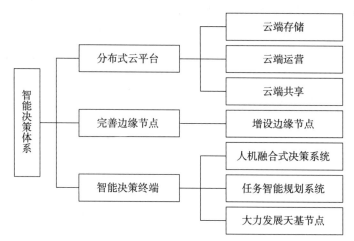

图 4-4 智能决策体系组成示意图

Figure 4-4 Schematic diagram of intelligent decision-making system

4.4.2.1 分布式云平台

采用去中心化的思路,建立远离实际使用地点的、用于数据和处理器存放的远程数据中心[133]。一是云端存储。基于云平台框架,建立云端数据库与大数据平台,将采集到的武器装备信息、保障数据信息、感知态势信息等海量的静态、动态保障数据信息传输到云端,汇集形成一种弹性、动态的保障云资源池,实现保障决策数据的云端交互,有效降低数据管理成本及难度,为保障数据的云端运营与共享奠定基础。二是云端运营。通过整合、管理、调配分布在网络各处的计算资源,在云端对获取的数据进行关联、审计、高级分析计算与展示,从庞杂的数据中提炼出价值密度更高的数据池,对装备保障数据进行快速处理,为保障指挥员提供装备保障备选方案。三是云端共享。依托云端的资源池化共享、广泛网络接入、快速弹性伸缩的特性,通过加大服务云平台与各分系统平台的对接,为军队提供统一标准的保障信息服务窗口,实现结构化和非结构化数据共享融合,消除数据孤岛和数据割据现象,进一步提升装备保障数据信息的规范性和通用性。

4.4.2.2 完善边缘节点

所谓边缘装置,是指将数据存储、计算等服务扩展到网络边缘,在数据源头对数据进行处理,能够有效降低数据的传输、阻塞带来的延迟,实现快速、高效地响应保障需求的一种本地计算装置[134]。

保障数据量不断膨胀,甚至超过了网络宽带所能承受的容量,这给数据的传输、共享、处理造成了障碍。作战节奏的加快,对决策的实时性提出了更高的要求。同时,现代陆战场作战环境复杂多变、数据海量且传输保密要求高,加上信息网存在的带宽不足,在复杂电磁环境下可能存在断网情况。因此,在位于装备与云平台之间的接入点、基站、业务节点、路由器、交换机等部位,在靠近用户或信息终端的位置,设置可以用于本地控制和数据计算的边缘节点,实现保障数据的本地缓存、同步传输和初步加工处理,有效缓解网络拥塞,确保系统在应急情况下能够正常运行,提高传输系统、决策系统的时效性、稳定性、可靠性[135]。

4.4.2.3 智能决策终端

智能决策终端能够充分发挥智能技术在辅助决策方面的优势,突破人脑决策的生理极限,以保障任务为导向,以人机融合为手段,在深度数据挖掘和任务理解的基础上,持续提升指挥决策智能化程度。

(1)建立基于人机融合的指挥决策系统。运用以深度学习为代表的人工智能技术,发展智能化指挥决策系统,将智能机器系统速度快、精度高的优势与参谋人员创造性、主动性的优势深度结合和互补,实现"人脑+机脑"的交互协同与高度融合,探索生成最优决策方案。一是智能生成保障决策备选方案。运用智能决策系统在自我推理、自我学习、自我进化等方面的能力,模拟人脑学习机理,对复杂战场和海量保障数据进行分析、判断、推理,筛选有效信息,实现保障任务分解、保障资源规划的智能化,快速自主生成多个可供装备保障指挥员参考的装备保障备选方案。二是评估优化保障决策方案。采取实体建模、仿真实验、虚拟现实等多种手段,模拟装备保障部署,推演装备保障行动,对装备保障方案进行评估、遴选和优化调整。三是构建"三位一体"的指挥决策结构。构建"以人为主、机器为辅、专业人员参与"的指挥决策结构,采用人—机协作模式,针对优化的多种备选方案,参谋人员在结合上级意图、本级任务和情况判断的基础上,确定最优保障决策方案。

（2）建立基于人工智能的任务规划系统。智能化作战中瞬息万变的战场态势和各种突发情况使预先规划好的装备保障方案难以满足作战需求，因此需要对装备保障决策进行动态调整或重新规划。研制任务智能规划系统，建立系统数据库、标准库、模型库，完善基础配套资源、数据资源和算法技术，保证任务规划系统建设的科学性、有效性。任务规划系统应具备自主理解任务，生成保障任务清单，并对任务清单进行编码的功能，便于系统识别。同时，运用实时动态战场态势分析与评估，分析原规划的任务清单中与战场态势不符之处，及时生成多种任务规划调整方案或者重新进行任务规划。

4.4.3 保障实施体系

陆军装备保障任务多样化、保障空间多维化的发展趋势牵引保障实施流程更加多元、自主、智能。根据保障实施的建设目标，保障实施体系应加强智能仓储、物资供应装备、智能化维修检测装备等保障行动终端的建设，进一步提升保障实施的智能水平，精准释放保障效能。保障实施体系组成示意图如图4-5所示。

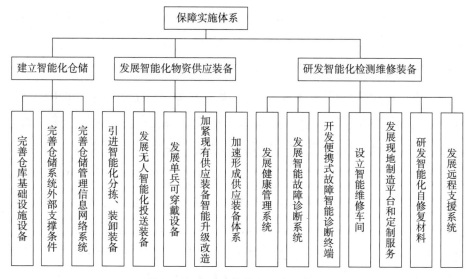

图4-5 保障实施体系组成示意图

Figure 4-5 Schematic diagram of equipment support implementation system

4.4.3.1 建立智能化仓储

仓储是保障物资储存的集散中心,是装备保障活动的重要环节[136]。仓储建设应当着眼于智能化作战保障需求,完善管理软硬件及其配套设施智能化集成建设,实现仓储物资实时感知、精确定位、动态监控,使仓储物资接收、管理等业务工作流程真正实现智能化,逐步形成融存储、监控、调配、服务于一体的仓储体系,不断增强仓储管理的综合保障效能。

(1) 完善仓库基础设施设备。仓库管理应结合基础建设实际,有针对性地进行具有智能化属性的基础设施设备建设。重点发展智能化仓储设备,特别是自动引导车、码盘机器人、自动堆垛机器人、自动识别分拣机等智能化设备,实现智能化仓储设备之间的无缝衔接以及整个仓库的无人化作业;优化基础网络配套设施,加设智能环境调节装置,实时采集仓储环境参数,及时对仓库温湿度、光照强度、烟雾浓度进行监控调节,针对特殊物资,如弹药、油料等提供适宜的个性化存储条件;配备报警系统,遇到特殊情况自动管控报警;加设由智能摄像头、人脸识别、车牌识别等组成的监控系统,智能采集出入库人员和车辆信息。

(2) 完善仓储系统外部支撑条件。一是更新仓储管理模式,由看物守摊"静态"保管型向"动态"协同型转变。借助物联网、大数据等技术,动态感知战场物资需求,实时监控仓储资源,根据保障需求变化及时调配仓储物资种类和数量,实现物资需求量与仓库容量的自动匹配,战备物资与周转物资保持在合理的区间范围。二是加强信息数据采集环境建设。在对军用物资及保障装备进行集装单元化包装改造的基础上,将计算机技术与无线射频技术、自动识别技术有效结合,构建物联网框架下物流仓储单元的非接触数据采集环境,实现货物及货架的自动识别核对、自动报警提示,提高货物操作的准确率,规避错提货物的风险。三是加强虚拟仓储建设。运用虚拟现实、可视化、信息网络等技术,将地理上分散、具有不同职能的实体仓库进行链接,构成具有任务目标一致、组合关系动态稳健的物资虚拟仓储。通过动态采集信息、监控资源状态、优化仓储库存,实现对不同状态、不同地域仓储资源的可视化呈现,便于对仓储物资进行有效调度和统一管理。

(3) 完善仓储管理信息网络系统。一方面，重塑互联互通的网络系统平台。在纵向上实现军内系统兼容互通，特别是仓储管理系统与保障需求信息系统的有效链接，实现保障单位与被保障单位之间的数据互传、信息共享。在横向上实现军内外系统跨界融合，特别是不同军种之间、军内仓储系统与地方支援仓储系统之间信息共享，把分散的资源重新整合，达到军地、军种、战略、战役至战术的全系统资源共享，形成军事云仓储，促进资源保障由链条模式向网域模式转变。另一方面，开发智能化仓储保障终端应用 APP 软件。保障终端可以通过智能化仓储管理系统查询存货量，掌握仓储物资状况，随时随地通过智能终端对物资信息进行查询，实时监控装备保障物资供应流程，结合自身实际安排保障任务，同时也可以利用 APP 软件对特殊装备需求提供特色化、专业化仓储服务。

4.4.3.2　发展智能化物资供应装备

物资供应是保障实施体系中的重要分支。为加速形成智能化装备保障体系，需将智能技术物化于物资供应装备中，优化其功能结构，满足现代战场物资保障需求。

加大智能化的物资供应装备建设包括以下几点。一是引进智能化分拣、装卸装备。将京东、顺丰等物流企业中先进的分拣、装卸设备，特别是智能吊装、分拣流水线等设备引入军事物资供应领域，在物资供应链的起点注入智能因子，提高物资分拣、装卸效率。二是发展无人智能化投送装备。发展机动性能强、防护性能好、智能化水平高的战略、战役、战术物资供应装备，对人迹罕至的区域，或在极端恶劣的气候条件下，遂行装备保障物资保障任务；同时，无人智能化投送装备能够在危险的战场环境中突破敌人封锁线，对作战最前沿的部队提供物资保障供应，打通物资保障的最后一公里。三是发展单兵可穿戴设备。机动作战条件下，士兵携行装备物资多，负荷大，体能消耗严重，影响持续机动和保障能力。大力发展单兵可穿戴设备，尤其是各类外骨骼、虚拟手套、智能头盔等增强人体机能的设备，拓展士兵的手足功能、强化信息交互、减少能量损耗、增强特定功能。四是加紧现有供应装备智能升级改造。围绕作战任务需求，在不改变原有装备主体结构的基础上采取引进、移植、嫁接、嵌入等方法，综合运用配置智能控制系统、替换平台传感器、铺设信息传输网络、升级智控计算机软硬件等手段，对现有供应装备进行智能化改造，使其具有一定的感知、决策、自适应、自通联、自操作等能力，促进物资保障作业的智能实施。五是加速形成供应装备体系。依据装备保障各环节的特点，按照战略层级远程多能、战役层级分拨中转、战术层级分发配送的能力需求，以装备体系发展为目标，有针对性地改造与研发供应装备，使其成建制、成系统、成体系发展[137]。在投送距离、载重量、运用方式等方面成体系发展，打造型制配套、航程衔接、全维立体、全谱覆盖的供应装备体系，不断拓展智能化保障的领域和空间，形成与智能化作战相适应的无人、智能、综合、高效的保障格局。

4.4.3.3 研发智能化检测维修装备

检测维修是保障实施体系的末端执行环节，是武器装备恢复战斗性能的重要途径。应用智能技术提升检测维修的智能水平是现代作战的客观要求，也是智能化装备保障体系发展的需要。

（1）在故障预测方面。重点发展健康管理系统，实时、动态检测和采集状态信息与运行参数，借助智能算法模型监测装备运行状态、智能预测故障发生时机，实现视情维修和基于状态维修的目的，从而节约装备使用维护费用。同时，结合作战任务需求对装备使用情况进行分析评估，对可能出现的问题及趋势展开预测性的判断，预先制订装备维修计划。

（2）在故障诊断方面。一是创新发展智能故障诊断系统，运用机器学习算法对采集的武器装备的静态和动态数据，包括历史故障、维修数据、实时工况等进行分析学习、迭代优化，建立故障诊断数据库，智能判定故障性质和部位，评估系统运行状态。二是开发便携式故障智能诊断终端。在武器装备交付部队时，针对武器装备可能发生的故障，同步研发交互式电子手册、自动检测维修专家系统等智能终端，将维修专家、生产厂家的故障诊断及修复的经验、智慧等方面的信息集成到终端，并延伸到装备维修保障现场，为维修保障人员提供技术指导。

（3）在故障修复方面。在传统的故障修复的基础上，一是着力设立智能维修车间，建立智能化修理流水线，完善相应的智能化检测、分解、组装、更换等设施设备，提升装备检测、故障诊断、故障修复、报告反馈的连续性和智能性。二是发展现地制造平台和定制服务。针对急需的维修器材，通过现地制造平台，运用3D打印、装备再制造等技术，以缺损零部件或预先携带的装备零部件参数为依据，对急需零部件进行修复或现地制造，满足个性化、特殊化的物资保障需求[138]。对于大型器材，遵循后方仓库大型部组件适量储备、减少积压的原则，利用三维激光扫描技术、逆向设计工程技术，采集所需部组件的结构参数，通过信息传输网络平台，将数据传输到后方生产厂家，实现对部组件的定制式加工制造。三是研发智能化自修复材料。利用纳米技术、材料技术与信息技术的有效融合，研发具有感知、识别、分析内外部信息并能做出响应的智能材料，使其具备自修复、自适应等能力。特别是液态金属、记忆合金材料，通过改变材料结构物理参数或形状对环境做出响应，改变天线的形状、连接损坏的电路、修复中断的传输网络，提升系统功能，恢复再生能力[139]。

（4）在远程支援方面。依托计算机、5G通信、全息摄影等高新技术，通过先进的传感、通信和操控系统，打通从维修现场到后方专家之间的联系，强化前方与后方的互联互通，使千里之外的专家利用文字、语音和视频等多种方式，对受损装备进行故障诊断，为前线保障人员提供实时技术支援。必要时遥控使用各类保障机器人修理受损武器装备，实现由远程指导的"知识介入"提升至依靠智能化系统的远程"行动介入"。当专家点对点远程支援仍然无法诊断故障原因时，从专家库中，根据装备损坏原因和维修需要的专业知识，选择装备生产、使用和保障等方面的多个专家，建立多方视频会议系统通道，采取专家"会诊"的方式确定故障原因，讨论并制订维修方案，指导实施故障修复。

4.5　本章小结

本章在需求分析的基础上，结合当前智能化装备保障的发展阶段，重点研究了陆军智能化装备保障体系构建的目标、原则、方法，并运用"人—

机—环境"系统工程理论,将智能化装备保障能力指标要素按照"人—机—环境"的原理进行聚合匹配,形成了态势感知体系、智能决策体系、保障实施体系三个分支体系,并描述了体系建设过程和内容,为开展装备保障体系的运行与实现的研究奠定了基础。

第5章 陆军智能化装备保障关键模型构建与运行

现代陆战场体系对抗激烈、态势瞬息万变、保障数据瞬时涌现,如何取得信息优势、认知优势、决策优势、行动优势是实施智能化条件下装备保障的关键。智能化装备保障系统的运行过程就是运用智能化的技术和手段,实现态势全维感知、决策快速生成、效能精准释放的过程。本章重点对智能化装备保障关键环节的运行模式进行分析,主要内容是在保障云平台的基础上,设计智能化装备保障态势感知、智能决策、保障实施模型,并对运行过程进行分析。

5.1 智能化装备保障体系运行基础

保障云平台是智能化装备保障体系运行的关键,在智能化装备保障体系中处于核心地位。保障云是在"云计算"的基础上引申而来的。

所谓云计算,是指综合运用网络通信、虚拟化、分布式计算等技术,将分布在不同网络节点的计算资源进行汇集、整合、调配,形成的一种远离计算机终端的虚拟计算资源池,能够以统一的访问界面同时向大量用户提供服务[140]。在云计算环境下,计算资源汇集成了一个共享式虚拟的数据处理系统或平台。云计算主要有以下特点[141]。一是计算能力强大。在处理装备保障数据过程中,能够通过将庞大的数据分布在由大量计算机构成的计算资源池上,借助云端强大的并行分布式计算能力,对海量保障数据进行快速处理,使得以前由于计算量巨大而无法完成的数据处理任务,依托云平台调用分布在网络各处的计算资源，即可高效、准确地完成。二是高可靠性。云计算的容错性强，数据副本多，使得云计算在数据存储方面比单纯依靠本地计算机更为可靠。三是效费比高。云计算具有通用性、容错性特征，这使计算资源的利用率比传统计算大幅提升，大幅降低了"云"的使用成本。四是按需服务。云计算提前配置的庞大资源池，可同时为大量用户提供计算资源，用户可在任何时刻、任何地点，以任何设备按需访问，下载所需资源。五是虚拟化。在云计算的运行过程中，用户只需关注计算资源本身，无须了解计算资源的来源、性质等相关信息。

在装备保障领域，"保障云"可以认为是运用"云计算"技术对保障数据进行存储、融合、共享、计算等的服务平台，是云计算在装备保障活动中的具体应用。保障云为网络信息体系的资源提供一种新的部署架构和运行模式，在"保障云"模式中，无论是保障人员还是智能平台都是保障云知识的共享者，同时也是保障云数据的提供者[142]。保障云平台总体架构示意图如图5－1所示。由图可以看出，装备保障云平台处于保障活动的核心位置，能够为保障机构、人员、装备提供信息共享、技术支持、资源配置情况等诸多服务。

智能化装备保障体系的运行是在"保障云"的支撑下，通过感知层的态势感知节点实时感知战场态势、决策层的智能决策平台快速生成保障方案、执行层的智能响应平台高效实施保障行动，完成整个智能化装备保障任务。其具体运行过程：感知层的"装备保障需求感知节点"进行各种保障需求感知，通过网络链路汇集至"保障云平台"；再由决策层的"装备保障智能决策平台"借助保障云资源，对保障数据进行分析处理，提出保障方案、建议、命令等，将信息优势转化为决策优势；然后交由执行层的"装备保障智能响应平台"对保障方案进行响应和执行，将决策优势转化为行动优势；最终，通过智能响应平台，运用多种手段来实施装备保障。智能化装备保障体系运行架构示意图如图5－2所示。

第 5 章 陆军智能化装备保障关键模型构建与运行

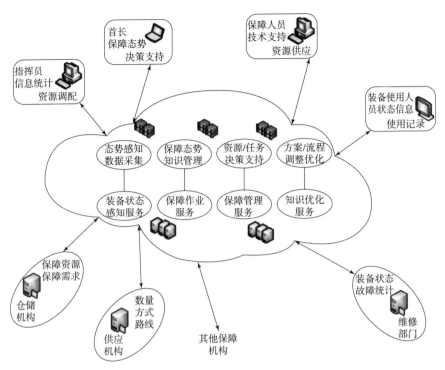

图 5－1　保障云平台总体架构示意图

Figure 5－1　Schematic diagram of the overall architecture of the support cloud platform

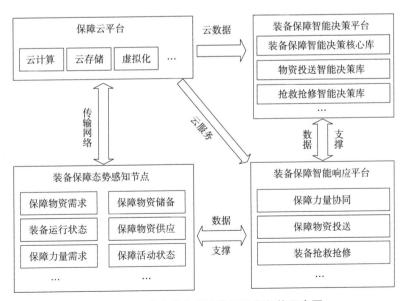

图 5－2　智能化装备保障体系运行架构示意图

Figure 5－2　Intelligent equipment support operation architecture

5.2 态势感知模型构建及运行模式

装备保障态势感知是实施装备保障活动的基础环节,是支撑"见之于未萌,制之于未发"的关键,是智能决策支持系统进行方案筹划与任务规划的前提和依据[143]。面对一体化联合作战条件下瞬息万变的保障态势,传统的依靠保障人员经验判断对动态、复杂、海量的感知数据分析处理的方法,难以对感知数据进行快速处理。因此,将保障云、大数据等智能技术与态势感知过程相结合,设计智能型的装备保障态势认知模型,分析其运行过程,推进装备保障态势由一般感知向智能感知转变。

5.2.1 态势感知的原理

态势感知一词源于航空飞行领域,其后逐渐在军事领域得到广泛应用。感知是手段和基础,态势是目的,态势感知中的"态"与"势"具有不同的含义。"态"侧重的是对当前战场状态的客观描述,不以人的意志为转移;而"势"是侧重发展趋势,是对战场实体的能力、状态、相互关系等发展趋势的主观判断或预测,是从各种数据中挖掘分析出当前状态未来发展的趋势。对态势感知内涵的理解应把握环境性、动态性和整体性三个方面[144]。环境性是指在某一特定的时间和空间内,对一定数量的实体或对象进行感知;动态性是指被感知的实体不是一成不变的,而是根据作战进程动态变化的,相应的感知数据也是动态变化的,对当前状态的理解及预测同样是动态变化的;整体性是指战场实体之间是相互联系、相互影响的关系,任何一个实体发生变化,都会影响到其他实体状态,进而影响整个感知环境。

基于不同的态势感知技术和军事领域需求,许多专家学者对态势感知模型都进行过研究,但最为权威并得到广泛认可的是 Endsley 提出的态势感知模型[145],其理论模型如图 5 - 3 所示。

该理论模型体现了感知—决策—行动的一体化过程,反映了人机交互与反馈控制过程。由图 5 - 3 可知,态势感知主要包括三层:第一层是感知层,通过感知装置采集保障对象的状态信息、分布信息、保障资源的现状信息等

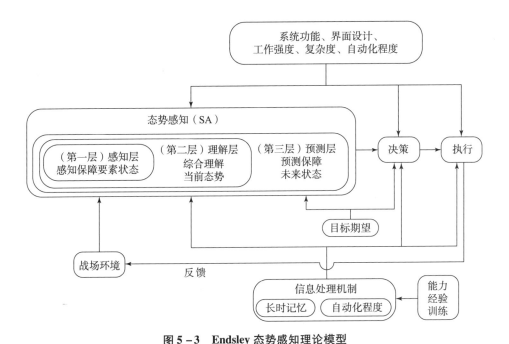

图 5-3 Endsley 态势感知理论模型

Figure 5-3 Endsley situational awareness theory model

（外部环境中保障实体属性、状态等要素信息），获取原始感知数据；第二层是理解层，在感知层的基础上，对当前保障对象的状态信息、分布信息等进行理解认知，确定受损装备的损坏程度、是否属于重点方向等，对于保障资源的现状信息进行理解认知，主要明确保障资源在储、在运、在用的数量，是否需要向上级请领保障资源；第三层是预测层，在前两层的基础上，对当前状态的发展趋势进行预测分析，主要明确装备剩余寿命、修复时间、保障资源可持续时间、发展趋势等。

智能化装备保障态势感知是指在特定的战场环境下，围绕装备保障活动的态势变化，利用智能化的技术，对装备保障要素数据信息进行采集、获取，并通过对保障数据的融合处理，认知理解当前装备保障状态，以及对未来装备保障状态发展趋势进行预测。这里的"态"，可以理解为某个时间点（多指当前）各保障要素的地理位置、资源损耗、装备性能等信息的表示；"势"则更加强调对未来某个时间段或时间点上各保障要素增减、耗损等变化信息的表示。

5.2.2 态势感知面临的挑战

随着信息化与智能化的融合发展,陆战场逐渐呈现出作战空间多维化、作战对象多元化、战场环境复杂化、装备毁伤多样化等特点,战场态势信息的随机性、突发性、涌现性越发突出[146~147]。传统的态势感知模式存在的某些自身缺陷,给陆战场装备保障态势感知的时效性、准确性、全面性带来巨大的挑战。

(1)态势感知数据处理能力不足。在具有智能化特征的信息化陆战场,装备保障要素多态、保障目标多类、关联关系多维,其保障态势感知数据量巨大、种类庞杂,使装备保障态势感知信息具有价值密度低、数据结构不同等特征。全面掌握战场装备保障态势,需要对全部感知数据进行分析处理,挖掘隐藏在数据内的关联关系和规律特点。然而,传统的基于简单线性模型的态势感知方法,采取抽取数据样本的方式,数据处理简单,不具备对超大数据的处理能力,难以满足对海量数据快速有效处理的需求,限制了装备保障指挥员对保障态势的全面认知。

(2)态势感知数据处理精度不够。陆战场作为高度复杂的系统,参战双方是不合作、相互对抗的。战场保障数据来源多样、结构复杂,且具有非线性、涌现性的特点。同时,陆战场中敌我相互干扰、欺骗、伪装等对抗手段繁多,产生了虚拟实体、真假难辨的态势数据。传统的对战场态势数据的处理方法,虽然能够很好地适用于标准化的、单纯性的小样本数据,但对于具有半结构化、非线性、不确定性、涌现性等特征的战场态势大数据,无法满足保障态势感知数据处理的精确性要求。

(3)态势感知数据处理时效性较差。由于编制体制的限制,复杂战场态势感知数据隶属于不同的指挥机构,态势数据的存储、处理的标准不统一,数据接口不兼容,导致数据的共享度较低,容易形成"数据孤岛",严重制约着态势数据的融合速度,导致态势感知时效性较差。另外,陆战场事件突发性、偶发性概率大,相应的实时感知数据相对较少,难以形成有效的数据规模,导致因缺乏数据影响态势预测的时效性。

5.2.3 态势感知模型设计思路

传统的态势感知（包括感知、理解、预测等）模型构建方法，比如战场势能图、遗传算法、贝叶斯网络等，推动了态势感知研究的发展，但面对现代化陆战场的态势感知问题，其对战场态势理解的时效性、准确性、全面性仍有所欠缺。本节在对通用态势感知理论模型分析的基础上，结合具有智能化特征的信息化战场装备保障态势感知数据的特点和要求，在态势感知的过程中引入云—端架构，综合集成智能感知、大数据处理、机器学习、云计算等高新技术，构建基于云—端架构的装备保障可视化态势感知模型，实现对战场态势数据及时、准确、全面的存储、分析、处理。

5.2.3.1 态势感知模型架构分析

基于云—端架构的装备保障可视化态势感知模型，将云平台与感知端、用户端结合，在确保传统功能实现的基础上，充分利用了"云"的存储、计算优势和"端"的智能感知、可视化呈现功能，提升了传统的数据存储与智能处理能力，并生成装备保障态势图，能够多视角、多层次、实时性展示装备保障态势，最终把数据优势转化为认知优势，帮助指挥员更加准确地觉察、理解和预测保障态势。

不同于传统的基于小样本数据的态势感知模型，以云—端架构为基础的态势感知模型在数据获取、数据存储、信息整合、知识服务等环节具有明显优势，如图5-4所示。随着数据处理时间的增加，数据的加工程度不断深化，基于云—端架构的优势在逐层显现。

（1）数据获取方式由传统的特定战场环境下的定向搜索和主动获取，转变为保障态势的智能感知，扩大了数据获取的范围和体量，改变了数据获取的方向。

（2）数据存储方式由依靠专享数据库的存储方式，转变为共享分布式存储，不仅增大了数据的存储空间，而且推进了数据的互联互通、共享共用。

（3）信息整合的数据形式由结构化、标准化的完整数据，向半结构化、稀疏高维的多源异构数据转变，提高了数据挖掘能力，优化了信息整合的方式。

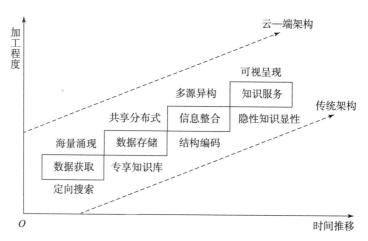

图5-4 不同架构下数据加工过程对比示意图

Figure 5-4 Comparative schematic diagram of data processing processes under different architectures

（4）知识服务由简单的隐性知识显性化，向知识的可视化呈现、智能分发转变。

5.2.3.2 态势感知模型构建方法

基于云—端架构的装备保障可视化态势感知模型，将"云—端"功能重新分布，充分利用智能感知终端采集装备保障态势数据，依托保障云平台的数据存储、分布式计算等优势，对海量数据进行快速智能处理，从各种保障数据中挖掘出保障态势数据潜在的有价值的关联关系，并通过人工智能、机器学习、数据深度挖掘等方法探索新规律和新知识，预测装备保障发展态势，生成可视化的全域战场保障态势图，并在信息展示终端显式可视化的装备保障态势。

基于云—端架构的装备保障可视化态势感知模型设计过程，是在通用态势感知理论模型的基础上，将云—端架构的设计理念与可视化技术融入装备保障态势感知的三个层次中，通过智能感知终端和云平台分布式存储、大数据分析、智能计算等优势，解决海量保障数据采集、存储、计算、分析与展示等问题，实现对装备保障态势的感知、理解和预测。模型具体设计方法如下：在感知层，利用智能感知终端实时动态且全面地感知装备保障信息，获取第一手资料，实现战场保障状态到数据信息的映射，并在云平台数据库进行分布式存储，便于保障态势数据的云端共享[148~149]；在理解层，依托云平台大数据分析、数据挖掘等技术对感知层接收的海量原始保障态势数据进行分类、归并、关联，从不同维度、不同角度对数据进行交叉复现、融合处理，挖掘隐藏在原始数据中的保障规律和特点，实现对保障态势真实的展示，便于全面掌握装备保障当前状态，生成保障信息的理解态势，并进行可视化呈现；在预测层，通过数据挖掘、机器学习等智能技术，对历史数据和实时感知数据进行学习，逐层提取装备保障态势数据特征，形成预测知识、偏差知识，进而生成装备保障预测态势，并进行可视化呈现。

5.2.4 态势感知模型的构建

基于云—端架构的装备保障可视化态势感知模型，主要是对装备保障态势感知活动的抽象化描述，是对其内在逻辑关系、形态结构的客观阐述，是掌握装备保障态势、预测态势发展的重要途径。

5.2.4.1 态势感知模型结构设计

根据设计思路和实现方法，结合陆战场装备保障态势数据特点和可视化的功能需求，构建的基于云—端架构的装备保障可视化态势感知模型，划分感知需求分析、态势感知、数据存储、理解预测、态势展示五个阶段，主要由云平台、感知端、决策端三大部分组成。其模型结构如图5-5所示。该模型在Endsley三级模型的基础上，赋予了态势感知新的概念和内涵。

在划分的5个阶段中，态势感知阶段包括智能感知和数据采集环节，数据存储阶段包括数据融合和数据检索环节，理解预测阶段包括机器学习和数据挖掘环节，态势展示阶段包括信息可视和智能服务环节。

5.2.4.2 态势感知模型云端分析

感知端包括感知需求分析、态势感知两个阶段，其主要功能是根据装备保障决策执行环境和决策目标，确定态势感知内容，采集相关保障态势数据，并接受决策端的实时反馈，不断调整感知对象和范围，提高保障态势数据的实用价值。

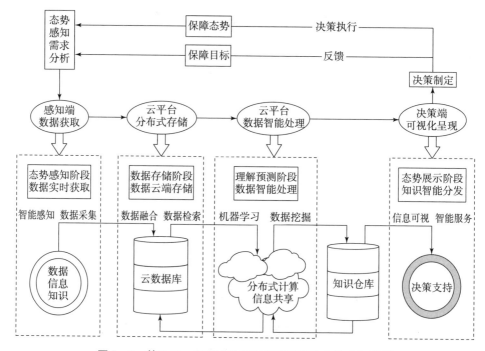

图 5-5 基于云—端架构的装备保障可视化态势感知模型

Figure 5-5 Visual situational awareness model of equipment support based on cloud architecture

云平台包括数据存储、理解预测两个阶段,其主要功能是利用云平台大数据存储和态势综合计算优势,生成装备保障态势图。云平台是整个装备保障态势感知模型的核心,决定了整个模型的数据处理速度、精度和可信度。

决策端包括态势展示阶段,其主要功能是装备保障态势感知结果的呈现与使用,形成装备保障决策,并将保障决策的执行情况与决策目标的变换情况实时反馈到态势感知端,实现装备保障态势流程的闭环操作。

5.2.4.3 态势感知模型阶段分析

感知需求分析阶段:态势感知需求分析应根据决策执行环境和决策目标,确定装备保障态势感知的任务和内容。此阶段界定了装备保障态势感知数据的来源和范围,以及定义每项保障任务所需感知的对象和环境要素。

态势感知阶段:基于云—端架构的态势感知是动态的主动感知,是在部队信息化建设成果的基础上,依托分布于陆、海、空的态势侦测手段,全面获取装备保障要素状态、战场环境等相关信息,生成保障态势原始数据。态势感知是物理空间向信息空间转换的桥梁,通过感知物理空间的数据信息,将物理空间映射到信息空间,形成与实体对应的"数字孪生",通过对数据信息的加工处理,实现信息空间向认知空间的过渡。

数据存储阶段:借助云平台数据库,将海量装备保障态势原始数据进行分布式存储。需要对保障态势感知数据进行界定和明确,并进行清洗、转换、完善、集成、融合等处理,增强初始保障态势数据的有效性、准确性、完整性、一致性,提升数据质量,便于对保障数据进行检索和处理。

理解预测阶段:通过对态势感知的显性数据和隐性数据的智能处理,认知当前保障态势,并预测保障状态的发展趋势。显性数据处理是指通过采取大数据技术,对大规模的各种显性态势数据进行深层次融合、整理、搜索、挖掘,获取和掌握潜在的应用价值或关联关系,发现保障要素或单元的演化轨迹,掌握其发展规律,实现对保障态势的认知理解。隐性数据处理是通过在线分析、机器学习等方法,对历史数据和感知数据进行实时处理,实现对器材消耗、装备损坏等特点和规律的认知掌握,预测装备保障态势的发展趋势,进而分析其对保障活动进程和结局产生的影响[150~151]。

态势展示阶段:装备保障态势感知数据经过云端存储、分布式数据挖掘、可视化处理,最终形成装备保障态势图,并以文字、图像、动画、模型等直观、形象、生动的形式在各个显式终端呈现。依据不同保障岗位需求和时效性要求,为各个保障终端提供态势智能分发服务。针对保障终端对战场态势感知的共性需要,以全域分发共享的方式为各类保障席位提供共性的态势服务;针对保障任务的重要程度、态势需求和级别权限,以局部呈现的方式将相关的保障态势图分发到相关保障指挥席位或战位;针对不同终端的保障任务、保障力量的专业特点,以直达推送的方式将相关的保障态势图直接分发到特定保障指挥席位或战位。

5.2.5 态势感知模型的运行

统一建模语言(Unified Modeling Language,UML)是一种军事建模的重要方法,已被广泛应用于装备保障领域[152]。将UML用于装备保障态势感知过程，可合理描述态势感知节点、数据处理流程、决策反馈的内在逻辑，直观地呈现出装备保障态势感知数据从采集到形成态势图的全过程，实现对态势感知行为空间的军事概念模型的抽象描述。基于云—端架构的装备保障可视化态势感知模型的运行，实质上是保障数据的采集、存储、处理、展示、调整的过程，是由保障数据到保障信息再到保障知识的过程[153]。其实现过程的 UML 模型如图 5－6 所示，其实现过程可大致分为数据融合与特征提取、数据智能处理、数据反馈与模型优化三个阶段。

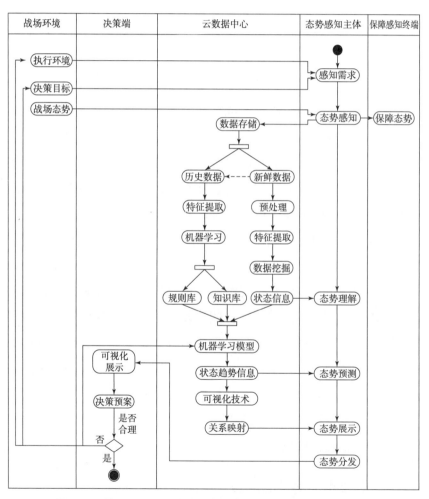

图 5－6　基于云—端架构的装备保障可视化态势感知运行模型

Figure 5－6　Visual situational awareness operation model of equipment support based on cloud architecture

5.2.5.1 数据融合与特征提取

根据装备保障态势感知需求确定感知对象和范围，获取相关的状态数据信息，并进行云端存储。云数据库中既有装备保障的历史数据、基础数据，又有实时获取的战场感知数据。历史数据主要包括以往战争或演习中与装备保障有关的数据，基础数据主要是指与装备保障有关的常规数据，比如武器装备的性能、车辆的油耗、速度等数据。在数据存储过程中，要注重动态数据自身的融合以及与历史数据、基础数据的融合。由于海量装备保障数据固有的价值稀疏性，需根据装备保障物资供应、装备维修、物资需求等不同的保障环节，从海量数据中提取出能够反映保障态势的数据特征。

5.2.5.2 数据智能处理

感知模型对数据处理分为三部分。首先是对实时感知数据的处理分析，通过对数据的特征提取、数据挖掘，实现对装备保障态势的认知和理解。其次，通过对历史数据的自主学习，丰富装备保障的知识库和规则库，且在不断的态势感知过程中，不断对已有知识进行验证和完善，修正不完善的知识，抛弃错误的知识，生成全新的知识，实现其知识库的动态优化。在态势感知数据的驱动下，机器学习算法模型能够自主运用相关知识和规则进行统计、比对、相关、关联等推理，实现由零碎、片面、表象的保障感知数据向本质、内在、理性的融合结论转化，预测装备保障态势发展趋势。最后，运用可视化技术与关系映射规则，将装备保障的现状和发展趋势等态势信息映射为可视化的元素，形成直观生动的保障态势图。

5.2.5.3 数据反馈与模型优化

在完成数据采集、数据存储、信息处理、可视化等过程后，对感知态势的评价数据会在决策方案制定与决策执行环节后产生，从而形成知识反馈，不断调整更新态势感知模型，使知识在反复循环的过程中实现螺旋式上升的增值过程。一方面，通过决策目标和执行环境的改变调整态势感知需求，实现有针对性的精准感知保障态势；另一方面，通过决策反馈，对机器学习模型进行调整，改变模型算法，调整态势发展趋势的预测重点和方向。

5.3 智能决策模型构建及运行模式

决策是智能化装备保障的核心和中枢，是指导保障行动、精确释放保障效能的基础。智能辅助决策是采用智能化的方法和工具，帮助指挥员进行决策，也被称为决策支持。

智能决策是夺取战争胜利的核心部分。当前，具有智能化特征的信息化战场，呈现出作战力量多元、任务转换频繁、空间相互交融、态势瞬息万变、信息海量涌现等特点，战争进入发现即摧毁的"秒杀"时代[154]。传统的依靠指挥员经验、直觉而形成的主观主导型决策模式难以满足现代战争对决策时效性、科学性、准确性的需求，迫切需要将人工智能理论和相关技术引到决策过程中，促使军事智能决策支持系统由传统结构化的、适应性弱的、基于经验的决策模式向非结构化的、自学习的、自适应的决策模式转变，驱动方式由"条件—结论"式驱动向"条件—结论—学习"式驱动转变，决策模式由固定模式决策向自我更新模式转变。针对上述情况，本节提出了一种在云环境下，人工神经网络与专家系统"并行—耦合"模式的智能决策支持系统结构。

5.3.1 智能决策方法分析

通过对相关文献的总结归纳，智能决策方法主要有三大类：定量模型法、优化理论决策法、专家系统和神经网络法。

定量模型法是通过特定的决策模型，辅助决策者进行决策[155]。典型方法是数据包络分析法（Data Envelopment Analysis，DEA），虽然此方法对于解决结构化的决策问题比较准确，但是由于决策模型较单一，且环境适应性较差，在面对半结构或者非结构化的决策问题时，其决策局限性比较明显[156]。

优化理论决策法是通过采用某些数学方法将决策问题转化为优化问题，建立决策优化模型寻求最优保障策略。典型方法主要有近似动态规划法（Approximate Dynamic Programming，ADP）、粒子群算法、蚁群算法（Ant Colony Optimization，ACO）等。该类方法适用于离线决策过程的模拟与推理，但由于其可扩展性较差，且存在局部最优的情况，导致其无法进行在线决策，决策动态性较低[157]。

专家系统和神经网络法都属于智能水平较高的辅助决策方法。专家系统是将专家的知识和经验按照一定规则进行提炼加工,输入专家知识库,决策时根据相应的激活条件进行问题的求解[158]。该方法能够很好地解决其他方法通过建立数学模型进行决策时遇到的问题,但是其决策知识库的建立过程复杂且容量有限,当决策问题超出知识库范围时,具有一定的应用局限性[159]。神经网络方法是一个"学习—决策"的过程,其优势在第3章内容已详细介绍,不再赘述。神经网络用于智能辅助决策仍面临学习样本难获取、可解释性差等难题。上述三种智能决策方法优缺点比较如表5-1所示。

表5-1 智能决策方法优缺点比较

Table 5-1 Comparison of military intelligent decision-making methods

类别	典型方法	优点	缺点
定量模型法	数据包络分析法	模型清楚,无须确定属性的权值	模型相对固定,处理不确定性的问题具有一定的局限性;适应性差
优化理论决策法	近似动态规划法	决策精度较高和应用范围广	多装备对抗仿真效果差
	粒子群算法	决策速度快、决策原理简单	对于半结构、非结构化问题的决策效率低
	蚁群算法	鲁棒性与适应性强,应用范围广	搜索速度慢、决策效率低
专家系统和神经网络法	专家系统	推理规则清晰,结论可靠性强	只能针对特定问题构建知识库,在面向不同的决策问题时,缺乏较好的适应性
	神经网络	学习能力强和适应性较好	学习样本量大,神经网络训练时间长,可解释性差

本节针对装备保障智能决策的非线性、模糊性、不确定性等特点,采用专家系统与神经网络系统集成的设计思路,对装备保障的智能决策问题展开研究。但专家系统与神经网络在智能决策方面主要存在以下几点区别。

（1）决策原理不同。专家系统的原理是逻辑判断，而神经网络则是模拟人脑智能。

（2）决策基础不同。专家系统推理是基于数理逻辑，属于定性推理范畴，神经网络是基于统计和随机的，属于定量推理范畴。

（3）知识获取方式不同。专家系统的知识是专家知识的抽象化，并以既定的表述形式存储，神经网络的知识是通过大量训练得到的推理模型。

（4）推理过程不同。专家系统是通过规则匹配进行决策，属于精准决策。神经网络不存在匹配程序，相对用户是一个"黑箱"，可解释性较差。

（5）知识库更新方式不同。专家系统依靠外部注入新规则更新知识库，属于静态的演绎推理。神经网络在确定网络结构和模型参数后形成决策模型，属于动态的归纳推理。

从以上的判别分析可以总结出专家系统与神经网络在智能辅助决策方面的优缺点，如表5-2所示。

表 5-2 专家系统与神经网络辅助决策的优缺点比较

Figure 5-2 Comparison of advantages and disadvantages between expert system and neural network aided decision making

专家系统推理的缺点	神经网络推理的优点	专家系统推理的优点	神经网络推理的缺点
系统开发时间较长	系统开发时间相对较短	解释能力强	是一个"黑箱"，可解释性差
知识库更新困难	知识库主要是收集原始数据	人可以干预运行过程	人不能干预运行过程
数据结构必须完整	可以是半结构、非结构的数据	接口友好	接口不友好
决策对象是静态的	决策对象是动态的	开发工具比较成熟	硬件和软件开发处于起步阶段
系统开发依靠专家	系统开发依靠历史案例	结论便于检验	结论难以检验

从表5-2可以看出神经网络与专家系统都具有鲜明的优缺点，且二者具有较强的互补性。神经网络的鲁棒性和较高的学习效率能够有效地解决专家

系统决策过程中的瓶颈问题。同时，由于神经网络需要大量的学习样本，采用专家系统的决策案例，通过特征提取为神经网络提供样本数据。将二者综合集成到同一智能决策系统中，能够克服单纯使用一种决策方法的缺点，既能保留它们各自的优点，又扩大了适用的范围，提高了决策的可靠性。

5.3.2 云环境下智能决策支持系统

5.3.2.1 智能决策支持系统介绍

智能决策支持系统（IDSS）是具有知识化结构和智能化推理等特点的决策系统。其实质是将智能技术融入决策支持系统中，充分发挥智能技术在模糊判断分析和智能推理决策方面的优势，有针对性地解决数据模糊、结构不完整的决策问题[160]。

智能辅助决策系统体系结构如图5-7所示[161]。由图可知，智能决策系

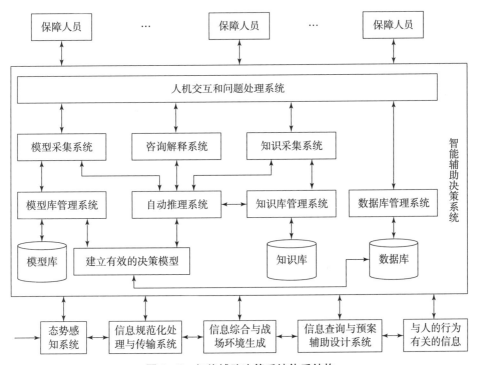

图 5-7 智能辅助决策系统体系结构

Figure 5-7 System structure diagram of IDSS

统以态势感知数据为基础,以自动推理系统为中枢,形成的多库融合的人机交互系统。当前对智能辅助决策系统的研究,主要集中在对自动推理系统的改进方面。通过提高自动推理系统的智能化程度,促使智能辅助决策系统智能水平的提高。

在 IDSS 发展的初始阶段,研究方向主要是辅助决策系统(Decision Support System,DSS)与人工智能技术中的专家系统(Expert System,ES)的结合。该系统的智能性主要体现在利用专家系统的知识推理能力解决实际的决策问题。基于专家系统的决策过程如图 5-8 所示。由图可知,决策过程是以规则匹配为基础进行的推理过程,开发人员是知识库更新过程中的关键因素。该系统存在以下几方面缺陷[162]。一是知识规则难以提取。知识规则是专家知识的抽象化,其获取途径需要从庞杂的专家知识信息中提取出潜在的决策特征属性,并按既定的规则表述形式输入到决策支持系统的知识库中,形成规范化的决策语言。二是知识获取困难。专家系统的知识获取行为是静态的、被动的,即系统缺乏自我学习机制,只能按照既定的规则对实际决策问题进行分析处理,难以进行知识和经验的自动化积累,知识的获取方式缺乏灵活性和适应性,知识库更新困难。三是系统的脆弱性。专家系统通常用逻辑符号或逻辑语句表示推理规则,这种程序化的方式要求知识的表达非常准确。由于大部分决策问题是非程序化的,当处理问题所需知识超出或偏离

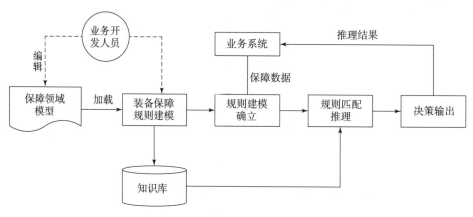

图 5-8 基于专家系统的决策过程

Figure 5-8 Decision-making process based on expert system

了知识库的范围时，就无法得到正确的推理结果。四是系统的封闭性。专家系统是单独个体，系统之间无法实现信息的互联互通，这就决定了决策系统只能利用自身决策资源，难以实现决策资源的共享共用。

5.3.2.2 云环境下智能决策支持系统的特点

云环境是一种完全开放的、动态的服务环境，具备强大的存储能力和决策处理能力，能够根据决策主体的需要提供各种计算与决策资源，对决策支持系统的结构产生巨大影响。与其他条件下的决策支持系统相比，云环境下的智能决策支持系统具有以下新的特点。

（1）决策资源丰富。云环境条件下，数据资源、信息资源、知识资源等各种资源的异构性被屏蔽，在云端汇集形成一种弹性、动态的决策云资源池，以云的方式为用户提供服务。云平台通过构设高扩展性、高配置性、高透明性的智能决策环境，实现决策数据、信息、知识的云端交互，以增强决策资源共享的实效性，可以根据不同用户的动态需求，提供实时的决策资源。

（2）决策能力强大。智能决策支持系统能够在决策过程中通过将庞大的决策任务分布在由大量计算机构成的决策资源池上，借助云端强大的并行分布式计算能力，对海量决策数据进行快速处理，使得以前由于计算量巨大而无法完成的决策处理任务，依托云平台整合、管理、调配分布在网络各处的计算资源，即可高效、准确地完成。

5.3.3 智能决策模型的构建

5.3.3.1 智能决策支持系统并行—耦合结构设计

为解决专家系统的缺陷，在智能决策支持系统中引入人工神经网络（Artificial Neural Network，ANN）算法。人工神经网络是一种具备较强模式识别能力、学习记忆能力和海量数据并行处理能力的非线性自适应系统，该系统能够快速、有效处理海量非结构化的数据[163]。相比于其他决策支持系统，该智能决策支持系统能够解决基于专家系统的智能决策系统在开发过程中的知识获取困难、表达死板、难以并行推理等问题，大幅提升决策支持系统的智能化水平。

在云环境条件下,对专家系统和人工神经网络系统进行集成耦合,构建"并行—耦合"结构的智能决策支持系统。该系统能够将专家系统的知识推理能力与人工神经网络的自我学习进化能力充分结合,克服传统智能决策支持系统固有的学习能力弱、知识库更新困难等缺陷,能够显著提升智能决策的效率[164]。基于这种思路实现了神经网络与专家系统并行—耦合结构的智能决策支持系统,其结构示意图如图5-9所示。

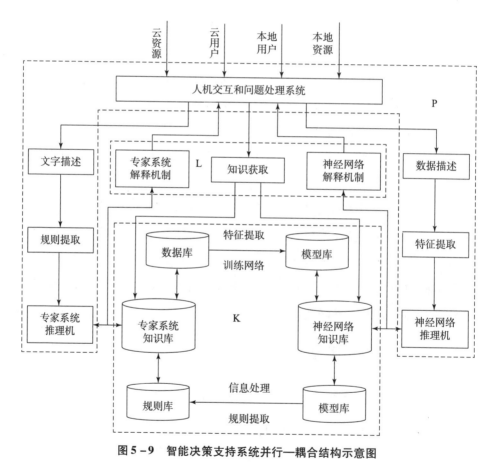

图 5-9　智能决策支持系统并行—耦合结构示意图

Figure 5-9　Parallel-coupling structure diagram of intelligent decision support system

此结构的决策支持系统,其优势主要体现在知识系统(K)、问题处理系统(P)、语言系统(L)上。

（1）知识系统。知识系统是 IDSS 进行智能决策的基础。上述结构的决策支持系统综合集成了专家系统和神经网络的知识库。一方面，专家系统知识库通过特征提取、网络训练等方式，完善神经网络知识库；另一方面，神经网络知识库通过信息处理、规则提取等方式，更新专家系统知识库。

（2）问题处理系统。在处理实际决策问题时，问题处理系统能够将复杂的决策问题分解成一系列的可以用专家系统和神经网络求解的子问题，充分发挥专家系统与神经网络的决策优势。

（3）语言系统。语言系统的主要功能是完成用户与辅助决策系统之间的信息交互。语言系统既可以将机器语言转化为用户可以识别的语言形式传递给用户，也可以将用户输入的信息转化为系统可以识别的形式输入系统。本地用户与广域分布的用户都可以通过云端访问或使用智能决策支持系统。

5.3.3.2　智能决策支持系统逻辑结构分析

智能决策支持系统是由各种功能模块相互融合的复杂系统。从功能结构层面，可将该系统分为人机交互界面、智能推理、数据采集三个功能模块；从逻辑结构层，可将该系统分为用户层、会话层、模型层、智能层、工具层和数据层。将系统结构和系统功能相互匹配融合，形成智能决策支持系统的逻辑结构，如图 5-10 所示。

用户层：人机交互、人机一体化决策处理系统。

会话层：人机交互界面，用户可通过界面进行人机会话，也可通过输入相关数据获取决策方案。

模型层：为决策问题提供专门的辅助决策模型。专家系统、神经网络决策系统既是相对独立的工作系统，又是系统智能化的重要组成部分，各种决策方案通过定性定量综合分析，为决策者提供一个客观、全面、智能化的辅助决策方案。

智能层：主要指运用决策算法和模型对数据层的各种保障数据进行处理，生成决策支持方案。

工具层：主要指保障方案和模型处理过程所使用的功能软件，包括数据处理相关软件、模型相关软件、决策处理相关软件等。

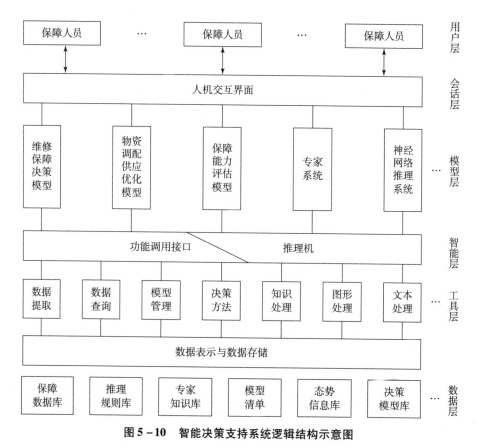

图 5-10 智能决策支持系统逻辑结构示意图

Figure 5-10 Logical structure diagram of intelligent decision – making support system

数据层：与模型层及智能决策系统有关的系统资源，如保障数据库、推理规则库、模型清单、态势信息库、决策模型库等。

5.3.4 智能决策模型的运行

该并行—耦合结构的智能决策支持系统，推理机制如图 5-9 中的问题处理系统（P）所示，将用户输入的决策信息分解成若干个决策子问题，根据子问题的文字、数据等决策信息的描述，合理地选择专家系统或者神经网络进行独立决策。当获取的战场信息是规则的，符合专家系统知识库要求的，则优先选用专家系统进行决策；当获取的战场信息是新鲜的，不足以启动专家系统进行推理时，则由训练好的神经网络进行推理决策。决策之后再进行两个分系统的耦合，其具体过程如下：

5.3.4.1 以专家系统为决策基础的推理过程分析

专家系统根据知识库中的推理规则进行决策，其规则常用 If – Then 的形式来定义问题领域内概念间的逻辑关系。在进行规则推理时，如果实际条件与 If 子句相吻合，则激活相关结论 Then 子句[165]。

基于专家系统的 IDSS 采用模糊推理方法进行规则推理[12]，其算法过程如下：

$$\text{If } A_1 \text{ and } A_2 \text{ and}\cdots\text{and } A_n \text{ Then } C \; CF_r$$

$$\text{If } A'_1 \text{ and } A'_2 \text{ and}\cdots\text{and } A'_n \text{ Then } C' \; CF_f \; CF_c$$

上述规则中，A_1，A_2，$\cdots$，A_n 是匹配条件；A'_1，A'_2，$\cdots$，A'_n 是目标条件；C 是匹配条件下的激活结论；C' 是目标条件下的激活结论；CF_r 是匹配条件的可信度；CF_f 是目标条件的可信度；CF_c 是激活结论的可信度。

现实条件 $A'_1(t'_1)$，$A'_2(t'_2)$，$\cdots$，$A'_n(t'_n)$ 中，t'_i 是可信度，如果现实条件的可信度符合 $\max\{0, t_i - t'_i\} \leq \lambda_i, (i = 1, 2, \cdots, n)$，则说明现实条件与上述规则条件匹配，其中，$\lambda_i$ 是不同条件的阈值。阈值的存在能够有效提高推理结论的可信度，同时使推理过程更加简捷、快速。

事实可信因子为

$$CF_f = b_1 \wedge b_2 \wedge \cdots \wedge b_n = \min(b_1, b_2, \cdots, b_n) \qquad (5-1)$$

式中，$b_n = 1 - \max\{0, t_i - t'_i\}, (i = 1, 2, \cdots, n)$。

对于精确型推理规则，在知识库规则条件与事实进行匹配的过程中，不存在模糊集合之间的运算，需在 A' 和 A 完全匹配时才能启用相应规则。也就是说，结论 C' 与 C 完全一样，此时激活结论的可信度如下：

$$CF_c = CF_r \times CF_f \qquad (5-2)$$

当进行模糊推理时，设 A 是模糊条件，当匹配条件 A' 与模糊条件 A 同属于一个推理规则时，模糊条件 A 和匹配条件 A' 的值分别由 F_a 和 F'_a 表示，当 A 和 A' 的值不同时，则目标结论 C' 与匹配结论 C 相等，并确定结论可信度为

$$CF_c = CF_r \times CF_f \times S \qquad (5-3)$$

式中，S 是 F_a 和 F'_a 的相似程度的度量，根据必要性度量 N、可能性度量 P 确

定。计算公式如下：

$$\begin{cases} S = P(F_a \mid F_a') \\ \quad N(F_a \mid F_a') > 0.5 \\ S = (N(\overline{F_a} \mid F_a') + 0.5) \times P(F_a \mid F_a') \\ \quad N(\overline{F_a} \mid F_a') \leq 0.5 \end{cases} \quad (5-4)$$

式中，$P(F_a \mid F_a') = \max(\min(\mu_{F_a}(u), \mu_{F_a'}(u)))$，$\forall u \in U$；$N(F_a \mid F_a') = 1 - P(\overline{F_a} \mid F_a')$。而 $\overline{F_a}$ 由式（5-5）确定。

$$\mu_{\overline{F_a}}(u) = 1 - uF_a(u), \forall u \in U \quad (5-5)$$

上述推理过程的实现是运用专家系统开发语言 CLIPS 对推理过程进行编程，其语法规则可以概括为"推理结论 + 可信度"，其表达式如下：

（推理结论 CF [可信度]）

式中，CF 为分隔符，[·] 表示一个匹配条件。

在基于专家系统的 IDSS 处理决策问题时，每完成一个完整的决策问题推理，输入产生器将专家系统的处理结果生成相应的事例，经过提取特征属性，将其转换为符合神经网络系统数据要求的训练样本，以专家系统为决策基础的耦合过程示意图如图 5-11 所示。其转换过程：在决策事例中的 If-Then 的逻辑关系描述语句中，在 If 语句中提取事例的属性特征值，即神经网络的输入值，在 Then 语句中，提取事例的决策结果值，即输出值，输入值与输出

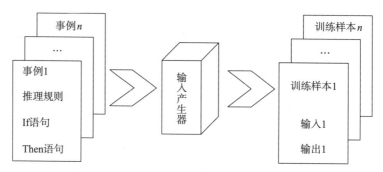

图 5-11 以专家系统为决策基础的耦合过程示意图

Figure 5-11 Schematic diagram of the coupling process based on expert system decision

值的组合就形成了一个训练样本,随着决策事例的增多,就形成了训练样本集。通过产生的训练样本对神经网络进行训练,得到用于决策的神经网络模型,用于处理超出专家系统知识范围的决策问题。

5.3.4.2 以神经网络为决策基础的推理过程分析

神经网络与专家系统的推理过程不同,它是非线性的并行处理系统。在规则不完备、信息不完全的情况下,专家系统不能依靠自身的规则推理解决实际问题时,决策系统将使用神经网络进行决策。基于神经网络的决策过程如图5-12所示。

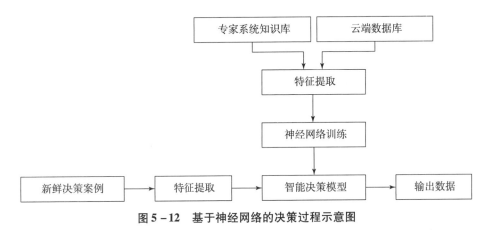

图 5-12 基于神经网络的决策过程示意图

Figure 5-12 Schematic diagram of decision-making process based on neural network

本书选择 BP 神经网络作为智能决策算法。其网络结构在第3章已详细介绍,此处不再赘述。建立基于神经网络的智能决策支持系统的关键是确定神经网络的网络结构和模型参数。神经网络的训练样本来源有两个方面:一方面是专家系统知识库中的部分规则,通过数据分析、特征提取等过程,形成训练样本;另一方面是当专家系统不能提供足够的样本时,从云端决策资源池下载相关数据,形成训练样本。

神经网络决策模型构建步骤如下。步骤1:从云端或专家系统知识库中提取事例的特征属性,形成训练样本集;步骤2:确定神经网络的初始结构参数;步骤3:对神经网络训练,直至达到预设的训练精度或训练次数,得到神经网络的连接权值和偏置信息,并将其以矩阵的形式存入决策系统知识库。

以神经网络为决策基础的耦合过程示意图如图 5-13 所示。

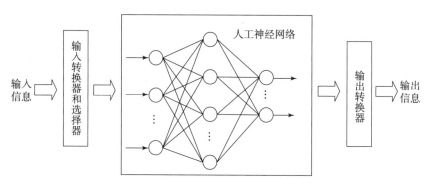

图 5-13　以神经网络为决策基础的耦合过程示意图

Figure 5-13　Schematic diagram of coupling process based on neural network

作为一种数值计算方法，神经网络算法的输入量和输出量都是数值向量。因此，输入转换器的主要作用是将输入信息转换为数值信息，用于神经网络识别与应用；输出转换器的主要作用是将输出的决策信息转换成专家系统能够识别读取的逻辑信息，用于专家系统知识库的更新。其转换过程：将神经网络的输入量转换成专家系统推理规则的 If 语句，将神经网络的输出量转换成专家系统推理规则的 Then 语句，形成 If-Then 的逻辑规则语句形式。

5.3.5　案例验证

装备维修保障是装备保障的重要组成部分，本书选取装备维修保障过程中的工件研磨加工工艺的智能决策过程为应用实例，对以神经网络为决策基础的耦合过程进行验证，该过程包括神经网络的决策过程、决策结果转换为逻辑语言两个部分。

本验证案例的决策目的是在工件研磨加工过程中，通过对不同影响参数进行决策，探索最佳的加工工艺参数。在对以往加工事例进行深入分析的基础上，确定加工事例中均有以下六个属性：工件转速、磨盘转速、研磨压力、磨料邵氏硬度、磨粒直径、工件莫氏硬度。这六个属性的值可作为神经网络决策的特征向量，即神经网络的输入参数。选取表面粗糙度作为神经网络的输出参数。随机收集16个加工事例,提取属性特征值和输出值,如表5-3所示。

表5-3 数据样本集

Table 5-3 Data sample set

事例	输入						输出
	工件转速/ (r·min^{-1})	磨盘转速/ (r·min^{-1})	研磨压力/ kPa	磨料邵 氏硬度	磨粒直径/ μm	工件莫 氏硬度	表面粗 糙度/ nm
1	100	100	6.89	92	28	5	32.5
2	100	100	10.34	92	28	5	38.9
3	100	100	12.06	92	28	5	49.1
4	100	100	20.67	92	28	5	100
5	60	60	6.89	79	14	5	5.75
6	80	80	13.78	79	14	5	5.18
7	100	100	10.34	79	14	5	2.92
8	80	80	2	79	3~5	5	2.29
9	58	60	3	79	1~3	3	3.37
10	58	60	3	79	2~4	3	4.45
11	58	60	3	79	3~5	3	7.03
12	50	55	3	79	13	4	68.6
13	50	55	1	79	13	4	50.98
14	50	55	13.78	79	13	4	62.4
15	100	100	13.78	92	28	5	98.0
16	80	80	13.78	79	3~5	5	2.29

在网络训练过程中,建立三层BP神经网络。隐含层的神经元数量通过经验由式(5-6)确定。

$$Z = \sqrt{X + Y} + W \tag{5-6}$$

式中,Z为隐含层神经元数量,X为输入向量维数,Y为输出向量维数,W一般取1~10的整数。通过上面公式确定隐含层的神经元数量为10。

激活函数的确定:隐含层选取Sigmoid函数,输出层选取Purelin函数作为各自的激活函数,均方差作为损失函数。

初始参数的设定:最大训练次数为 5 000 次,学习率选取 0.01,正则化系数为 0.1。

根据上述 BP 神经网络的结构和设置的初始条件,以表 5-3 中的前 13 组数据为训练样本,对神经网络进行训练。利用训练好的神经网络对 13 组数据进行仿真计算,得到预测值与实际值对比折线图,如图 5-14 所示。

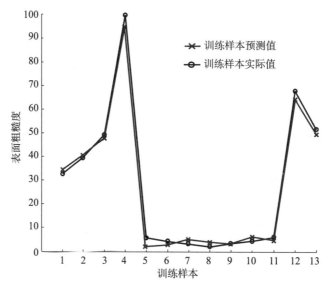

图 5-14 神经网络预测值与实际值对比折线图

Figure 5-14 A line chart comparing the predicted value with the actual value of the neural network

由图 5-14 可知,训练成熟的神经网络的预测结果与实际值基本一致,说明基于该神经网络的决策系统具有很好的学习和决策性能。使用未参与训练的最后三组数据样本对神经网络模型进行泛化能力验证,即验证其随机决策的性能,验证结果如图 5-15 所示。由图可知,神经网络的输出值与实际值基本一致,说明基于神经网络的智能决策支持系统的有效性。

将神经网络的决策结果通过输出转换器,转换成专家系统可以识别的规则模式,用于专家系统知识库的更新。参照上文所述的转换过程,以表 5-3 中的事例 16 为例对转化过程进行展示,事例 16 的特征值为(80,80,13.78,79,3~5,5),输出值为 2.29,其对应的 If-Then 的规则形式如下:

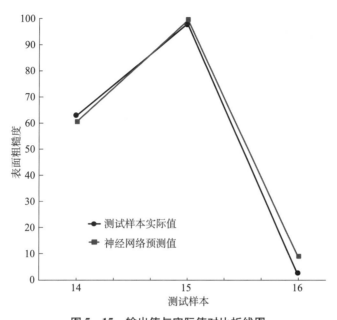

图 5-15　输出值与实际值对比折线图

Figure 5-15　Comparison of the output value with the actual value

If 工件转速为 80 r/min and 磨盘转速为 80 r/min and 研磨压力为 13.78 kPa and 磨料邵氏硬度为 79 and 磨粒直径为 5 μm and 工件莫氏硬度为 5；

Then 工件的表面粗糙度为 2.29 nm。

按照上述步骤将其他神经网络决策结果转化为专家系统识别的规则形式，对知识库进行更新。

5.4　保障实施模型构建及运行模式

随着智能化、无人化技术的发展，无人智能保障平台作为新型保障力量被广泛应用于现代陆战场，人机协同保障逐渐成为一种重要的保障行动样式。

5.4.1　人机协同保障内涵分析

人机协同保障是伴随无人保障力量进入战场而产生的。由于无人保障力量的特殊性以及有人平台与无人平台之间关系的复杂性，使人机协同保障具有不同于传统人与人协同保障的内涵与优势。

5.4.1.1 基本内涵

所谓协同,也称为协作、合作等,是指两个或两个以上的不同平台或个体,按照一定的规则,相互配合,共同完成某一任务的过程或者能力[166]。在《中国人民解放军军语》中,将协同定义为不同的作战力量在执行同一任务时,按照既定的计划进行密切配合的行动。

在装备保障领域,人机协同中的"人"主要包括保障人员,以及由人操作、控制的保障平台(装备、系统),统称为有人平台;"机"主要包括具有一定智能水平的保障平台(装备、系统),统称为无人平台。人机协同保障,是指有人平台(装备、系统)与无人平台(装备、系统)混合编队,在指挥控制中心的统一指挥下,通过高速数据链进行保障信息交互共享,在协同规则框架内,实现有人平台与无人平台相互配合地实施保障行动。依照目前智能技术的发展水平,无人平台的发展还不够成熟,尚不具备自主完成保障任务的能力,尤其是在复杂环境下的自主决策能力不足,还无法在战场上完全脱离有人平台独立遂行装备保障任务。在未来相当长的一段时间内,人机协同仍会以"人在保障任务回路中"的形式为主,形成一个以有人平台为主、无人平台为辅的有机保障整体[167]。

5.4.1.2 人机协同的主要形式

人机协同重塑了有人平台与无人平台的内部关系和结合方式,丰富了装备保障力量的组合样式,各种有人平台与无人平台配合的"混搭"保障行动不断出现。根据上述分析,现阶段人机协同保障典型协同模式主要有以下两种[168]:

(1)有人遥控无人。该模式无人平台的自主能力较低,其保障决策方案、保障任务、保障行动主要通过有人平台的遥控操作实现。有人平台处于主导地位,主要负责指挥控制、遥控操作无人平台按照指挥员的意图遂行保障任务。

(2)有人引导无人。该模式无人平台的自主能力稍有提高,具有一定的态势感知、任务理解、自主行动等能力。有人平台仍然处于主导地位,在任务分配、指挥决策等方面对无人平台进行干预指导,指挥引导无人平台按照指挥员的意图遂行保障任务。

5.4.1.3 人机协同保障的优势

与传统保障力量机械性协同、硬性协同、计划性协同形式相比,智能化人机协同的保障形式是以有人平台为中心、无人平台为辅助实施的保障,具有"平台无人、体系有人"的显著特点,一般具有以下几方面的优势[169]。

(1) 人机协同大幅提高保障效能。人机协同保障行动中,有人平台可以远程指挥和操作无人平台,特别是无人运输平台、远程技术支援系统,充分发挥了无人平台机动能力、持续执行任务能力的优势,大幅缩减保障行动过程中的无效时间,提高了装备保障的峰值保障力。同时,人机协同保障可以根据战场态势需要,灵活地选择有人/无人协同方式,其目的是实现有人/无人平台密切配合、优势互补、功能耦合,形成整体保障效能。

(2) 人机协同明显提升生存能力。人机协同保障力量由以人力为主向人机互补保障转变,保障的灵活性、适应性更强。无人平台可在不适合人类生存的环境下,替代有人平台进行持续精确保障,避免有人平台执行高危保障任务,尤其是对前沿战场进行装备抢救抢修和物资器材配送等,能够大幅降低人员伤亡。

(3) 人机协同明显拓展保障范围。在人机协同保障过程中,保障人员遥控、引导无人平台,尤其是无人车、无人机、机器人等无人智能化保障装备,能够克服恶劣天气、复杂地形、沾染地带等因素带来的影响,遂行全域物资保障任务。同时,能够到达不适合人类涉足的区域,遂行无人值守武器装备的故障检测、修复等保障任务。可以看出,人机协同保障形式极大地拓展了保障范围。

5.4.2 保障实施模型的构建

有人/无人平台人机协同保障模型如图 5-16 所示。在人机协同过程中,无人平台主要遂行战场态势感知、保障行动实施等任务,有人平台的主要功能是指挥控制,在协同中处于主导地位。无人平台将感知数据传输给有人平台，有人平台对保障信息整合处理，形成保障态势，生成保障方案，分配保障任务。无人平台具有一定的信息处理能力，但其决策方案的生成以有人平台为主导，并且无人平台的保障行动受有人平台的监督和干预。该协同方式便于充分发挥有人平台和无人平台的自身优势和协同优势，是未来装备保障中重要的行动样式之一。

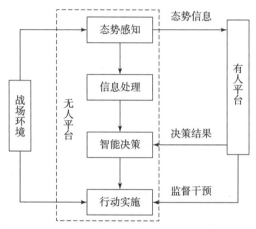

图 5-16　有人/无人平台人机协同保障模型

Figure 5-16　Man-machine collaboration model of manned/unmanned platform

在具有智能化特征的信息化战争时代，战争节奏加快、战场环境复杂，人机协同保障的实施必须具备一定的基础支撑，才能对保障需求做出满意的响应。

（1）无人平台的智能水平。人机协同保障是在有人平台与无人平台都具备一定智能的基础上展开的。在智能化装备保障体系中，无人平台是具有一定智能的装备保障主体之一。其智能主要表现在任务理解、态势感知、推理决策、行动实施等方面。无人平台在接受装备保障任务后，需要对任务进行理解、规划，在此基础上从环境中获取保障态势，同时对战场环境进行反馈输出。图 5-17 展示了无人平台进行态势感知—信息处理—智能决策—行动实施的过程。从该图可知，智能性是无人平台与外部环境交互的前提，是人机交互、人机协调配合、协同行动的基础。

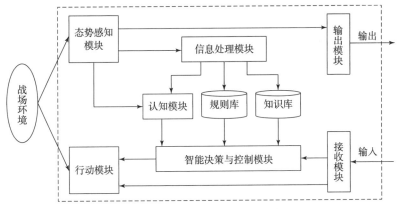

图 5-17　无人平台的独立运行过程

Figure 5-17　Independent operation process of unmanned platform

（2）自动组网通信。有人平台与无人平台之间自动组网通信是人机协同实现保障数据信息共享共用的基础。自动组网通信以无线通信为主体，在复杂多变的保障环境，能够全方位、快速构建通信网络，实现人机、机机互联互通，为有人平台与无人平台相互配合、密切协同提供支撑。自动组网通信具有一定的自适应能力，在平台移动、节点损坏的情况下，仍能够进行网络链接和信息传输。同时，自动组网通信设置了统一标准的网络接口，便于不同平台之间相互连通。自动组网通信方式便于智能平台网络接入、选择、切换，解决人机协同过程中存在的"联不了、联不快、联不全"等网络问题。

（3）柔性组织结构。利用模块化的思想构建可以随需组配的基本保障力量单元，能够根据保障需求变化灵活组合、拆分保障力量模块，实现不同保障平台的即插即用或即用即拔，缩短装备保障各个环节的交互响应时间，提升应对复杂不确定性的形势和多样化任务需求的能力。同时，建立扁平化的装备保障组织结构，增加保障指挥的跨度，减少指挥层次，促进"并联"式指挥流程代替"串联"式指挥流程，使保障指令无须经过金字塔式的组织结构，实现跨层次、跨体系、跨建制保障指令直达，形成"去中心化"的保障指挥结构模式，实现对保障需求的精确匹配、对保障资源的高效配置、对保障行动的及时调控。

（4）合理的协同规则。协同规则是指有人/无人平台在协同过程中应遵循的法则。人机协同保障行动的高效运行，关键在于设置科学合理的装备保障协同规则。协同规则主要包括有人/无人平台编组规则、指挥权限设置、保障行动优先权设置等。在合理的协同规则约束下，根据保障任务需求，确定共同的行动目标，不断释放人机协同的保障能力。

5.4.3 保障实施模型的运行

5.4.3.1 运行机理

人机协同保障的运行机理是依托"保障云"的优势，将作战系统、保障系统以及装备保障实体无缝衔接，在准确把握战场装备保障态势的基础上，装备保障力量根据战场情况和任务需求，采取合理的协同机制，在泛在互联的网络支撑下，调整柔性化的组织结构，实现有人/无人平台的协同。人机协同保障的运行机理如图5-18所示。

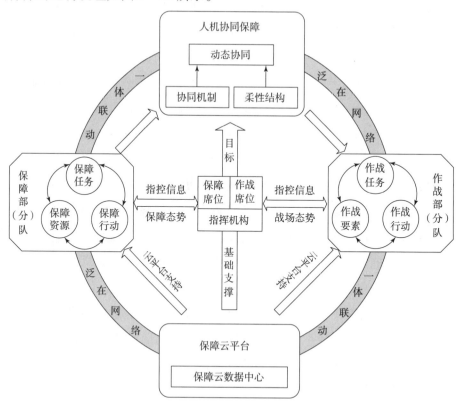

图 5-18 人机协同保障的运行机理

Figure 5-18 The operation mechanism of man-machine cooperation

从人机协同保障的运行机理看,装备保障运行的根本牵引是变化的保障需求。一旦战场态势发生调整变化,装备保障任务及保障需求就会随着变化,进而引起装备保障力量组织结构、协同机制的改变,相应的人机协同保障行动的目标和功能也会变化。人机协同保障行动就是要聚焦动态变化的装备保障态势和任务需求,调整装备保障力量结构与功能,灵活实施有人/无人平台之间的协同和交互。

在智能化装备保障初级阶段,无人平台具有一定的态势感知、任务理解等能力,有人平台通过任务分配、指挥决策对无人平台实施干预控制。而后,根据保障任务需求,在协同规则的支持下,明确协同模式,严格协同规则,建立协同机制,调整装备保障力量结构、功能和运行方式,建立人机协同关系,实现精确、高效、有针对性的人机协同保障行动。在人机协同保障行动中,有人平台通过遥控、指引等方式,协同无人平台实施态势感知、物资配送、装备维修等保障活动。

5.4.3.2 运行过程分析

有人/无人平台协同保障,能够在一体化联合作战条件下充分发挥有人平台及无人平台的协同优势,使其充分释放保障效能。

(1) 人机协同保障任务设定。

假设需要执行某物资保障任务,目标是将保障物资投送到某一营区。在指挥控制中心的统一指挥下,组建有人平台、无人平台组成的人机协同保障编队,对目标营区实施保障。首先,在指挥控制中心或有人平台的控制下,由无人平台对目标营区进行侦察,获取环境信息和态势信息,并将数据信息发送到指挥控制中心或有人平台。指挥控制中心具有最高指挥权,其主要职责是全面掌握战场态势,从宏观上制订保障方案和计划,确定人机协同编组中有人平台与无人平台的种类和数量。有人平台是移动型的指挥控制节点,其主要职责是制定保障过程中具体的保障决策,分配保障任务。同时,有人平台需及时评估保障态势,调整无人平台的任务分配,并以任务指令的方式传输给无人平台。无人平台根据收到的保障行动指令,对目标营区进行侦测,获取实施保障的环境信息,并将感知信息回传到有人平台,待有人平台对环境信息评估后，下达保障行动指令，指挥无人平台实施保障物资投送。

在该人机协同保障行动中，指挥控制中心在人机协同编组行动中具有最高指挥权，能够对编组中的任何有人/无人平台进行指挥控制，实现对保障力量的统一调度和综合管理。

（2）人机协同保障过程分析。

在指挥控制中心的指引下，有人平台和无人平台可以获取战场数据信息，并对信息进行分析处理，形成保障态势。指挥控制中心对每个有人平台和无人平台进行任务分配，使人机协同保障行动能够有条不紊地实施，最终无人平台到达目标营区后完成物资保障任务。有人/无人平台协同保障流程如图 5-19 所示。

人机协同保障行动的实现过程如下。

（1）保障任务指令下达。实施保障行动前，由指挥控制中心对处于待命状态的有人平台和无人平台下达保障任务指令。

（2）保障信息处理。有人平台对战场各种信息进行汇总分析，形成战场保障态势，并依此对无人平台进行任务分配。

（3）战场环境感知。无人平台收到保障任务后，装载保障物资到达目标区域，对该区域环境进行全维感知，并将感知信息发送到有人平台，有人平台对感知信息整合处理，根据信息处理结果对无人平台分配任务和保障行动进行调整。

（4）实施物资保障行动。有人平台对无人平台的任务进行调整后，无人平台收到实施保障行动指令，开始对目标营区实施物资保障。

（5）保障效能评估。无人平台对保障态势进行实时感知，对保障效果进行评估，并将感知信息传给有人平台，有人平台对感知信息进行汇总，对整体保障效果进行评估，确定下一步行动方案。

（6）装备归建。根据物资保障效果，有人平台判断是否满足保障需求。如果未满足保障需求，则有人平台制订第二轮物资保障方案。如果满足保障需求，则本次保障任务结束，有人平台和无人平台归建。

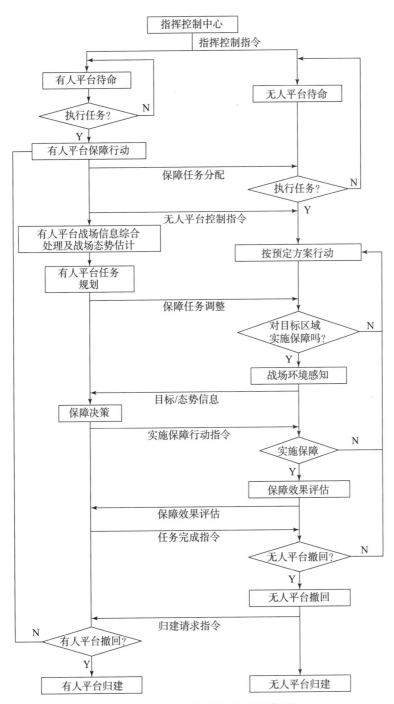

图 5-19 有人/无人平台协同保障流程

Figure 5-19 Process of manned/unmanned platforms cooperative support

5.5　本章小结

本章建立了装备保障态势感知、智能决策、人机协同保障实施模型，并分别对各自模型的运行过程进行了分析。在态势感知环节，分析了态势感知的内涵、面临的挑战以及智能技术对态势感知的影响，构建了基于云—端架构由"态"到"势"的态势感知模型，并分析了其运行过程；在智能决策环节，综合运用专家系统与神经网络各自在智能决策方面的优势，建立了"并行—融合"结构形式的智能决策模型，并对模型的有效性进行了验证；在保障实施环节，分析了人机协同保障的内涵、主要形式和优势，明确了人机协同保障的运行基础，建立了人机协同保障运行模型，阐释了人机协同保障的运行机理和实现过程。

第6章 基于 GA – RBF 的陆军智能化装备保障效能评估

效能评估是智能化装备保障建设的基础环节，可为装备保障效能释放程度的衡量提供科学评判依据，促进装备保障能力的提升。从系统工程的角度来看，效能评估在装备保障实施过程中起着承上启下的作用，它从活动实施阶段获取有关保障状态的信息，并且向决策阶段反馈保障效果，从而对装备保障过程进行干预。装备保障效能评估是对装备保障运行效果进行定量与定性的综合评定，是衡量智能化装备保障能否满足作战任务需求的关键环节。本章主要通过对智能化装备保障效能评估内涵、目的、思路的分析，构建效能评估指标体系、创新效能评估方法、建立效能评估模型，对陆军智能化装备保障效能进行评估。

6.1 智能化装备保障效能评估的内涵

正确理解"保障效能"的概念是开展智能化装备保障效能评估研究的前提条件。"保障效能"一词是应用范围广泛、内涵和外延丰富的概念。根据研究对象和研究目标不同，对其的解释和定义也不尽相同。一般认为，效能是在一定的约束条件下对完成某项特定任务的期望或者程度[170]。具体到智能化装备保障领域，保障效能是在具有智能化特征的信息化战场环境和保障任务要求下，装备保障力量通过智能化手段，完成装备保障任务所能达到的有效程度，即在给定的战场环境、保障条件和保障方案下，对装备保障体系完成保障任务效果的衡量。可以看出，保障效能是装备保障的一种内在属性，与装备保障组成要素、结构、功能存在非线性映射关系。保障效能一般是通过与其相关的物理量来衡量，物理量受所处环境、执行任务、功能结构的影响。

保障效能是一个动态概念，保障效能评估是一个动态性、整体性和对抗性的过程，是对保障行动与任务需求匹配程度的度量，与保障过程密切相关，是智能化装备保障运行过程中各关键环节和整体运行效能的综合体现。装备保障行动是由一定的装备保障力量按照特定的保障方案实施的保障活动，在此过程中，装备保障效能需要重点考虑保障态势感知、保障智能决策、保障行动实施及各环节之间的相互关系。在保障态势感知环节，通过感知网络实现保障态势信息的采集、传输、共享；在保障智能决策环节，通过人机融合式的决策系统，实现保障方案的智能生成、优选；在保障行动实施环节通过人机协同的保障行动，实现不同保障平台的相互协调、一体联动；在各环节相互关系方面，通过上述环节的协调匹配，实现各环节的相互配合，大幅提升了保障体系完成保障任务的效能。

6.2 智能化装备保障效能评估的目的

智能化装备保障效能评估是对装备保障在智能化条件下完成保障任务的衡量，是制订、调整保障方案的重要依据，是提升装备保障能力的关键环节。其目的主要有以下几个方面。

（1）发现制约保障效能释放的因素。

智能化装备保障效能评估是对装备保障体系建设和体系运行效果的客观评判。通过对评估指标体系的构建和量化，找到各个指标与评估结果之间的相关关系，发现制约保障效能释放的指标，对该指标涉及的内容和运行环节进行改进，为完善体系建设、优化体系运行提供依据。

（2）优化智能化装备保障过程。

智能化装备保障效能评估是保障实施效果的反馈，是保障方案优劣最直接的体现。因此，各级装备保障部门可根据效能评估结论，有针对性地对装备保障方案中的态势感知、指挥决策、保障实施等环节进行宏观调控，对感知范围、感知内容、保障方式、保障时机、保障手段等要素进行微观调整，实现装备保障过程的优化升级，最终形成"建设—评估—再建设"的螺旋上升发展模式。

（3）促进智能化装备保障体系建设。

智能化装备保障体系不仅科技含量高、投资规模大、建设周期长，而且涉及范围广、集成度高、整体性强。要保证建设的装备保障体系满足平时训练和战时的保障需求，实现快速、高效的精确保障，必须在智能化装备保障体系建设与运行的各个阶段对装备保障效能进行评估，从而实现以评促建、以评促训，推动保障体系整体优化，提高智能化装备保障体系建设水平和保障体系的运行效果。

6.3 智能化装备保障效能评估的步骤

智能化装备保障效能评估应以智能化装备保障整体建设目标、内容体系为依据，以作战需求为牵引，以评估理论方法和技术手段为支撑，以有效保持、恢复装备体系运行的良好状态、提升部队的整体装备保障能力为基本目标，紧紧围绕保障体系的要素、结构及运行模式，建立科学高效的评估指标体系，构建效能评估模型，对装备保障体系运行效果及效能释放程度进行客观的评估。根据确定的陆军智能化装备保障体系内容和运行过程的分析，设计智能化装备保障效能评估步骤，如图6-1所示。

（1）确定保障效能影响因素。通过对智能化装备保障相关内容的研究，确定能够影响保障效能发挥或释放的因素，这些影响因素的确定过程要求客观、全面。

（2）建立评估指标体系。评估指标是开展效能评估的基础。对装备保障效能的影响因素进行逐步细化分解，选取具体的评估指标，并量化处理，共同构成评估指标体系。

（3）确定评估方法、构建评估模型。评估方法与模型是根据评估指标的相关数据、属性及其与评估对象的关系，综合考虑评估对象特点，为实现评估目的而建立的科学合理评估模型的数学方法。评估方法的选择要以评估目标为依据，充分考虑评估对象的特点，根据评估的要求、结构等选择适合该评估工作的方法。

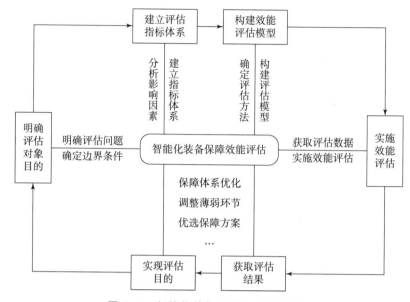

图 6-1　智能化装备保障效能评估步骤

Figure 6-1　The step for effectiveness evaluation of intelligent equipment support

（4）评估结果分析。根据具体装备保障实际，客观地分析评估结果是否合理，并根据评估结果对保障活动进行实时调整，实现效能评估的目的。

6.4　评估指标体系构建

评估指标体系的构建应在分析智能化装备保障效能评估影响因素的基础上，将影响因素进行细化，具体化为可度量的评估指标，经过专家初步确定，反复迭代，最终确定粒度更加精细的评估指标体系。

6.4.1　指标体系构建原则

评估指标体系的构建是智能化装备保障效能评估的重要环节。为降低指标选取的随意性和主观性，在构建指标体系时，除了应遵循客观性、完备性、规范性、可操作性等基本原则外,智能化装备保障效能评估指标的选取还应面向保障任务、面向体系运行过程,注重指标的内在联系和动态变化,充分开展部队调研和专家咨询。评估指标的选取还应遵循以下原则。

(1)科学性原则。智能化装备保障效能评估涉及保障体系建设、系统运行等各个方面,涵盖态势感知、指挥决策、保障实施等阶段,受多种因素影响制约。其构建过程需要在对智能化装备保障功能、结构等科学分析的基础上,逐步细化分解影响因素,确保评估指标体系的科学性。

(2)系统性原则。评估指标体系是智能化装备保障整体效果的真实反映,其系统性、全面性是构建指标体系的基本要求。在具体的构建过程中,评估指标既要反映出直接的静态效果,又要体现出间接的动态效果,以保证效能评估的可信度。

(3)实用性原则。效能评估是一项抽象性的工作,但是,评估指标应从评估对象的具体实际中提炼。智能化装备保障效能评估指标体系的构建应着眼于保障能力生成,围绕任务需求和保障运行,设置相关评估指标内容和标准。

(4)动态性原则。智能化装备保障是一个不断变化的动态过程。在确定效能评估指标时,应充分考虑其动态发展的特点,注重各阶段、各层面指标的产生与消失,以及指标的性质、数值的变化。

6.4.2 效能影响因素分析

效能影响因素分析是确定智能化装备保障效能评估指标体系的基础性工作。根据保障效能定义和智能化装备保障实际情况,智能化装备保障效能影响因素主要涉及装备保障态势感知、智能决策、保障实施以及三者的相互关系等方面。

在确定具体内容时,应根据评估目标的要求,掌握好具体内容的粗细程度。一般来讲,最好细化到可采集或者可计算的粒度。根据确定的智能化装备保障体系内容和运行过程的分析,在分析影响因素时,可以围绕装备保障体系确定的三个方面及其相互关系展开。

(1)装备保障态势感知。根据前文对态势感知本质的认识与态势感知模型的构建可以看出,影响装备保障态势感知的因素主要涉及态势获取、态势理解、态势预测三个方面。进一步细化分解得到影响态势感知的因素主要有感知网络覆盖率、感知装备先进性、感知手段多样性、态势感知时效性、感知信息传输度、态势理解一致性、态势预测准确性。

(2) 装备保障智能决策。根据对智能决策内涵分析与智能决策模型的构建可以看出,影响装备保障智能决策的因素主要涉及云端、决策终端两个层次。进一步细化分解,得到影响智能决策的因素主要有云端资源利用率、决策终端智能度、边缘装置智能度、人机交互融合度、决策方案科学性。

(3) 装备保障行动实施。根据确定的人机协同模型与保障行动模型的构建可以看出,影响装备保障行动实施的因素主要涉及物资仓储、物资投送、装备检测维修三个方面。继续细化分解,得到影响保障行动实施的因素主要有物资仓库智能度、物资投送智能度、检测维修智能度、保障方式合理度、任务理解同步度、保障行动协同度。

(4) 相互关系情况。智能化装备保障体系是一个匹配度较高的整体,其组成部分在运行过程中相互配合、相互依存。因此,各个环节之间的相互关系也是影响装备保障效能评估的重要方面。影响相互关系的因素主要有态势感知影响度、智能决策影响度、保障实施影响度、保障过程协同度、保障任务完成度。

6.4.3 建立评估指标体系

智能化装备保障效能评估指标体系的建立,必须在效能评估原则下,根据保障效能的影响因素分析,结合智能化装备保障的特点,确定合理的、全面的指标体系。在上文分析的基础上,建立如图6-2所示的智能化装备保障效能评估指标体系。图中指标具体内涵描述如下。

(1) 态势感知方面。

感知网络覆盖率:是指感知网络能够覆盖的保障区域与整个保障区域的比值。

感知装备先进性:是指感知装备性能、科技含量、智能化程度等的高低。

感知手段多样性:是对采取的有效感知手段的度量。

态势感知时效性:是指保障态势是否能够被及时感知。

第6章 基于 GA-RBF 的陆军智能化装备保障效能评估

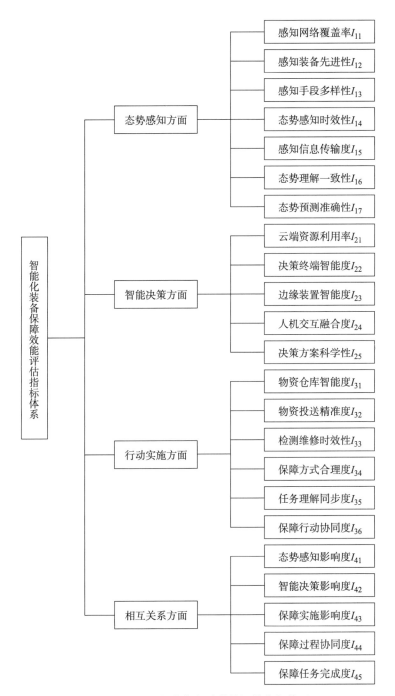

图 6-2 智能化装备保障效能评估指标体系

Figure 6-2 Evaluation index system of intelligent equipment support effectiveness

感知信息传输度：是指感知信息被传输的程度，是传输信息量与感知信息量的比值。

态势理解一致性：是指感知信息与实际感知目标的类型、感知要求相符合的程度。

态势预测准确性：是指态势预测信息与态势实际发展方向的一致程度。

（2）智能决策方面。

云端资源利用率：是指利用云端保障决策资源的程度。

决策终端智能度：是指决策终端智能水平的高低。

边缘装置智能度：是指边缘计算节点智能水平的高低。

人机交互融合度：是指人与决策系统交互的便捷、有效程度。

决策方案科学性：是指决策方案的正确、合理程度。

（3）行动实施方面。

物资仓库智能度：是指物资仓库智能水平的高低。

物资投送精准度：是指保障物资实际投送位置与指定投送位置的偏差程度。

检测维修时效性：是对装备是否得到及时有效检测维修的衡量。

保障方式合理度：是指为实现保障目标，所采用保障方式满足保障需求的程度。

任务理解同步度：是指人或智能保障平台对保障任务理解的一致性的衡量。

保障行动协同度：是指各种保障力量遂行保障任务时，在行动上协调一致、相互配合的程度。

（4）相互关系方面。

态势感知影响度：是指态势感知环节对其他保障环节或整个装备保障活动的影响程度。

智能决策影响度：是指智能决策环节对其他保障环节或整个装备保障活动的影响程度。

保障实施影响度：是指保障实施环节对其他保障环节或整个装备保障活动的影响程度。

保障过程协同度：是指保障过程中各环节为完成保障任务而相互配合、相互衔接的程度。

保障任务完成度：是指通过智能化装备保障体系的运行，对保障任务完成情况的衡量。

6.5 效能评估方法确定

效能评估过程涉及的指标和参数较多，既有定性分析，也有定量计算，形成了各种适应范围不同、评估过程各异的评估方法[171]。确定适合智能化装备保障的效能评估方法是获取可靠评估结果的前提和保证。目前，效能评估方法主要分为传统评估方法和智能算法两类，如图6-3所示。传统评估方法主要有专家评估法、解析法、作战模拟法；智能算法主要包括遗传算法、神经网络算法、博弈论法等[172]。

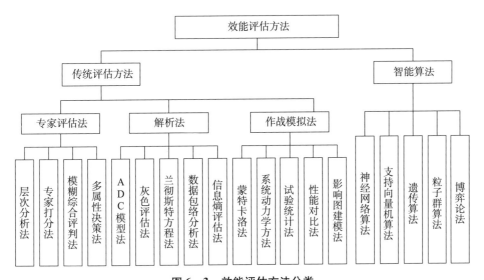

图6-3 效能评估方法分类

Figure 6-3 Classification of effectiveness evaluation methods

总体来说，传统评估方法具有一定的局限性，主要表现在以下几个方面。

客观性：在评估计算过程中，一般是依靠专家的经验对评估指标进行打分来确定指标权值，评估结论受主观因素的影响较大。稳定性：复杂多变的战场环境，产生了海量的评估数据，且数据种类多样、结构不一、价值密度低，使用传统评估方法处理数据时，过程烦琐、计算量大、效率较低，大幅降低了评估结果的稳定性。动态性：传统的效能评估方法，算法简单、易于操作，常用于解决某一具体领域的评估问题，考虑的多是静态因素，结论一般是各分系统效能的简单叠加聚合。然而，在现代战场评估指标值是随作战进程动态变化的，保障效能的释放程度也不是固定不变的，传统的静态评估已难以适应装备保障的节奏了。

在具有智能化特征的信息化战场，装备保障具有非线性、动态性、整体性等特征[173]，保障效能评估需要充分考虑体系对抗和整体联动的作用，注重评估模型的动态性和泛化能力。因此，以神经网络、生物算法为代表的智能算法被广泛应用于效能评估领域，利用生物学算法、神经网络等智能技术构建效能评估模型，可以通过动态调整模型参数改变模型内部结构，促进效能评估过程从"静态评估"向"动态评估"的转变，从而满足多指标、大数据的评估需求，有效实现对保障效能的动态度量。

在智能算法中，神经网络在处理评估问题时具有一些显著优势。非线性映射能力：可以处理评估指标与评估结果之间复杂的非线性关系；数据并行处理能力：能够大幅提高效能评估的时效性；自组织、自适应能力：能够根据战场环境调整模型参数；较强的泛化能力：在评估过程中，只需采集评估指标数据就能进行效能评估。神经网络的上述特点能够有效解决传统效能评估方法的缺陷与不足[174~176]。

在非线性效能评估中广泛应用的前馈型神经网络主要有两种：BP 神经网络和径向基（Radial Basis Function RBF）神经网络。二者都属于前馈型层状网络结构，都具有结构简单、训练速度快等优点，评估精确度远远高于传统评估方法。但二者也存在明显的区别，如表 6-1 所示。

表 6-1　两种神经网络的区别

Table 6-1　The difference between the two neural networks

类型	隐含层数量	输出层模式	典型激活函数	网络参数
BP 神经网络	多个	非线性	S 型、阶跃函数等	权值、阈值
RBF 神经网络	1 个	线性	高斯函数	中心向量、宽度、权值

除表 6-1 所列二者的区别外，相对于 BP 神经网络结构的难以确定，RBF 神经网络具有良好的生物学背景和函数逼近能力，能够根据实际评估问题确定合适的网络拓扑结构，在预测精度、泛化能力方面的优势比较强[177]。但是 RBF 神经网络隐含层神经元的数量需要人为设定，并且神经网络结构参数的寻优过程容易陷入局部极值，限制了 RBF 神经网络优势的发挥。因此，单一的 RBF 神经网络评估方法难以满足对海量保障数据的处理需求，需对神经网络算法进行改进，提高神经网络评估模型的效率和精度。

在实际评估中，综合运用多种评估方法，发挥各自特长，可以得到更好的评估效果。遗传算法（Genetic Algorithm，GA）是根据自然界中"适者生存"的规律，优化自身的生存状态，并适应环境的智能优化算法，具有全局搜索能力强、搜索速度快的优势[178]。将遗传算法与 RBF 神经网络结合，能够克服神经网络局部极值、收敛速度慢等缺陷，借助 GA 能够使 RBF 神经网络参数实现全局寻找最优解，为神经网络提供最优的网络参数。智能化装备保障效能评估过程涉及指标多、数据量大，因此将 GA、RBF 神经网络结合，构建 GA-RBF 神经网络效能评估模型，能够大幅提高保障效能评估结果的可靠性和准确性。

6.6　效能评估过程分析

6.6.1　RBF 神经网络

RBF 神经网络是一种采用径向基函数作为激活函数的单隐含层前馈神经

网络,该神经网络具有良好的数据分类和函数逼近等功能,被广泛应用于非线性效能评估中[179]。

RBF 神经网络是三层网络结构,输入层将外界输入信号传到隐含层;隐含层对网络输入进行非线性变换;输出层对隐含层的输出进行线性叠加,输出结果。输入层神经元数量等于输入的样本维数。一般认为,隐含层神经元数量越多,输出结果越准确,但如果其数量过多会降低网络的运算速率。输出层神经元数量与输出结果维数相同。RBF 神经网络结构示意图如图 6 – 4 所示。

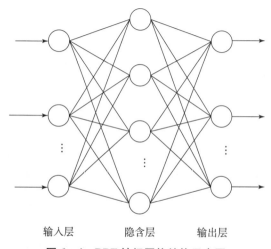

图 6 – 4 RBF 神经网络结构示意图

Figure 6 – 4 RBF neural network structure diagram

常用的径向基函数有三种,分别是高斯函数、反 S 型函数和多二次函数。由于高斯函数是从函数中心向函数两边呈现单调递减,所以,本书选择高斯函数作为神经网络的激活函数,其一般表达式如下:

$$R(x_i - c_i) = \exp\left(-\frac{1}{2\sigma}\|x_k - c_i\|^2\right) \qquad (6-1)$$

式中,x_k 为输入样本;c_i 为训练样本函数中心值;σ 为中心函数宽度;$\|x_k - c_i\|^2$ 为欧氏距离。

由图 6 – 4 可得 RBF 神经网络的输出为

$$y_i = \sum_{i=1}^{h} \omega_{ij} \exp\left(-\frac{1}{2\sigma} \| x_k - c_i \|^2\right) \qquad (6-2)$$

式中，$x_k = (x_1^k, x_2^k, \cdots, x_m^k)^{\mathrm{T}}$ 为第 k 个输入样本，$k = 1,2,\cdots,K$，K 为输入训练样本总数；ω_{ij} 为连接输出层和隐含层的权值；$i = 1,2,\cdots,h$，h 为第二层节点的数量（隐含层神经元数量）；y_i 为第 i 个输入样本经过网络模型得出的输出值。

6.6.2 效能评估模型

构造一个成熟的 RBF 神经网络模型主要是确定其三个参数：基函数中心向量、中心函数宽度以及连接权值。基函数中心向量是以训练样本为基础，确定 c_i 个中心点，每个中心点就是一个函数中心向量，即有 c_i 个中心向量，中心向量的元素数量与训练样本的元素数量相同，将训练样本划分为 c_i 个部分，当所有样本到各自中心点的距离之和最小时，此时的中心向量为径向基函数的中心向量，c_i 也是隐含层神经元的数量，即隐含层每一个神经元代表一个基函数中心向量。中心函数宽度指基函数对输入样本的影响范围，宽度越小，影响范围越小，输出结果越不光滑。宽度越大，完成所有输出样本空间的映射所需神经元相对越少。

GA－RBF 神经网络就是借助遗传算法全局寻优的优势对 RBF 神经网络初始参数进行全局优化。在遗传算法中，种群中个体大小 C_{codel} 一般由 RBF 神经网络各层神经元数量共同决定：

$$C_{\mathrm{codel}} = m \times h + h + h \times n \qquad (6-3)$$

式中，m 为输入层节点数；n 为输出层节点数；h 为隐含层节点数。

输出层与输入层神经元数量由训练样本中数据维数决定，隐含层神经元数量一般由式（6-4）计算得到：

$$h = \sqrt{m+n} + \alpha, \alpha \in [1,10] \qquad (6-4)$$

适应度函数与 RBF 神经网络的输出值与实际值的均方误差有关，适应度函数 f_{fitness}，由式（6-5）计算得到：

$$f_{\mathrm{fitness}} = \frac{1}{K} \sum_{j=1}^{K} (y_j - \widehat{y}_j)^2 \qquad (6-5)$$

式中，K 为学习样本数量；y_j 为第 j 个学习样本的输出值；$\hat{y}_j$ 为第 j 个学习样本的实际值。

基于 GA – RBF 神经网络的保障效能评估流程如下。

（1）确定 RBF 神经网络各层的神经元数量。

（2）采用二进制串表示 RBF 神经网络的径向基函数中心、宽度以及权值，而后依据步骤（1）中确定的网络结构，确定种群个体大小。

（3）设置种群规模、最大迭代次数等参数。

（4）计算适应度值。

（5）进行选择、交叉、变异操作。根据得到的适应度值进行排序，进而确定新的种群。若迭代次数达到设定次数，则执行步骤（6），否则继续执行排序操作。

（6）确定 RBF 神经网络模型。根据步骤（5）得到的最佳个体，确定 RBF 神经网络参数。

（7）效能评估。利用训练成熟的 GA – RBF 神经网络模型对装备保障效能进行评估。基于 GA – RBF 神经网络的保障效能评估流程如图 6 – 5 所示。

在实际的效能评估过程中，评估模型不是一成不变的，而是动态变化的。通过 GA – RBF 评估模型对保障活动进行评估的同时，可得到保障方案或保障实施的评估值，这样就形成一个新的样本。当新产生的评估样本达到一定数量时，将新样本加入训练样本集，取代旧样本对 RBF 神经网络进行训练，改善现有评估模型，提高评估模型的动态适应能力。其具体流程：假设当前评估模型为 Net（i），当该模型产生的 n 个新样本取代训练样本集中最早的 n 个样本数据（n 的值根据需要确定），得到新的训练样本集，重新对神经网络进行训练，得到新的效能评估模型 Net（$i+1$），以此往复，实现评估模型的动态更新，满足不断变化的战场评估需求。

6.6.3 实验分析

将基于 GA – RBF 神经网络的保障效能评估方法与基于 RBF 神经网络的保障效能评估方法进行比较，检验基于 GA – RBF 神经网络的保障效能评估方

第6章 基于 GA – RBF 的陆军智能化装备保障效能评估

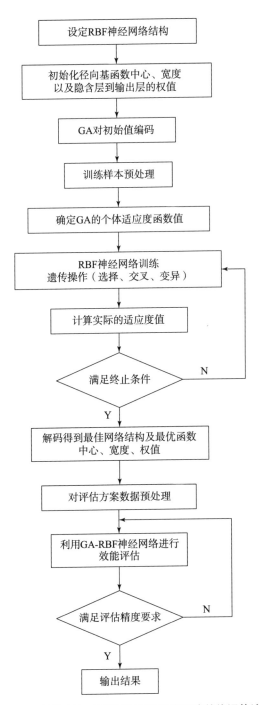

图 6 – 5 基于 GA – RBF 神经网络的保障效能评估流程

Figure 6 – 5 Effectiveness evaluation process based on GA – RBF algorithm

法的有效性。

（1）确定训练样本。

训练样本与评估模型的性能密切相关，直接影响评估结果的可靠度。为验证 GA-RBF 效能评估模型在具有智能化特征的装备保障效能评估中的有效性，在以往的具有智能化特征的装备保障部署方案中，根据建立的评估指标体系，提取 30 组装备保障特征数据，作为神经网络的训练样本。

保障效能评估指标体系包含指标要素较多，保障效能是不同量纲、不同数量级、不同物理意义的指标综合的过程，与各指标之间存在非线性关系。为了使采集的原始数据被神经网络广泛采用、降低预测误差、加速网络训练速度，需要对指标值进行归一化操作，使各指标原始数据分辨率为 0~1，处理后的数据作为样本数据。

当指标值与保障效能正相关时，归一化处理公式如下：

$$y = (x - \min)/(\max - \min) \qquad (6-6)$$

当指标值与保障效能负相关时，归一化处理公式如下：

$$y = (\max - x)/(\max - \min) \qquad (6-7)$$

式中，x 为某指标的原始数据；$\max$、$\min$ 为该指标可能的最大值和最小值。

将采集的 30 组数据进行归一化处理，得到能够用于效能评估的指标数据，表 6-2 列出了部分数据样本（全部数据样本见附录）。该数据样本作为原始训练样本对神经网络进行训练，随着评估次数的增多，新产生的评估样本将取代原始样本成为新的训练样本集。

表 6-2 装备保障效能评估训练样本对应的指标值与评估值

Table 6-2 Index values and evaluation values corresponding to training samples for equipment support effectiveness evaluation

样本	S_1	S_2	S_3	…	S_{30}
I_{11}	0.32	0.30	0.38	…	0.35
I_{12}	0.81	0.72	0.85	…	0.75
I_{13}	0.85	0.70	0.90	…	0.75
I_{14}	0.67	0.72	0.87	…	0.77

续表

样本	S_1	S_2	S_3	…	S_{30}
I_{15}	0.79	0.61	0.90	…	0.83
I_{16}	0.54	0.68	0.71	…	0.74
I_{17}	0.69	0.66	0.57	…	0.65
I_{21}	0.61	0.54	0.40	…	0.50
I_{22}	0.65	0.60	0.78	…	0.70
I_{23}	0.75	0.70	0.90	…	0.70
I_{24}	0.72	0.60	0.81	…	0.71
I_{25}	0.83	0.76	0.72	…	0.80
I_{31}	0.75	0.62	0.82	…	0.65
I_{32}	0.65	0.72	0.80	…	0.70
I_{33}	0.80	0.85	0.79	…	0.83
I_{34}	0.61	0.59	0.46	…	0.75
I_{35}	0.49	0.64	0.75	…	0.62
I_{36}	0.51	0.54	0.63	…	0.79
I_{41}	0.26	0.30	0.29	…	0.25
I_{42}	0.75	0.60	0.80	…	0.78
I_{43}	0.75	0.66	0.78	…	0.70
I_{44}	0.68	0.55	0.69	…	0.64
I_{45}	0.76	0.69	0.87	…	0.76
效能值	0.7250	0.6005	0.8193	…	0.7045

（2）确定评估模型参数。

GA-RBF 神经网络模型的输入为智能化装备保障效能评估指标值，输出为效能评估值，因此可设置 GA-RBF 神经网络输入层神经元数量为 23；输出层神经元数量为 1；隐含层神经元数量的确定，需综合考虑结果精度和收敛速度要求，根据式（6-4）设定隐含层神经元数量为 6。

遗传算法的编码方法为二进制编码，分别采用遗传个体与适应度结合、基本变异法、算数交叉法进行选择、变异、交叉操作[180]，设定其概率分别为 0.52、0.95、0.01，代沟参数为 0.95，二进制位数为 10，进化代数为 50。

(3) 仿真结果与分析。

根据图6-2建立的智能化装备保障效能评估指标体系和图6-5效能评估流程,通过遗传算法确定神经网络的初始参数值,构建相应的神经网络评估模型,并对构建的神经网络评估模型的准确性和科学性进行验证。将表6-2中的数据作为训练样本,对神经网络重复多次训练,使其适应度值不断趋于稳定。

为验证 GA-RBF 效能评估方法的有效性,分别计算 GA-RBF 方法与 RBF 方法的适应度值,两种方法的适应度值比较曲线如图6-6所示。由图可知,在网络训练过程中,两种效能评估方法都可以快速收敛到最小值,但相较于 RBF 方法,GA-RBF 方法具有更快的收敛速度,在遗传到30代左右时,适应度值基本保持不变,即网络种群基本确定。此时 RBF 神经网络参数就是最优解。

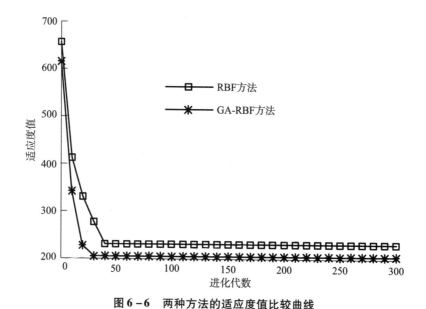

图6-6 两种方法的适应度值比较曲线

Figure 6-6 Two kinds of evaluation network adaptation values

为了验证 GA-RBF 神经网络模型与 RBF 神经网络模型对智能化装备保障效能的评估精度,图6-7给出了两种模型的预测误差对比曲线。

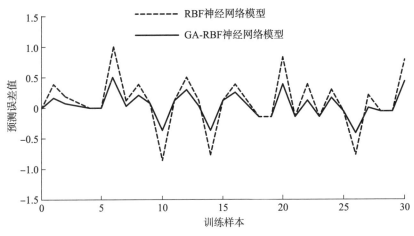

图 6-7 两种模型的预测误差比较曲线

Figure 6-7 Two kinds of evaluation network prediction error

由图 6-7 可知，GA-RBF 神经网络评估预测误差基本介于 ±0.5 之间，而 RBF 神经网络评估预测误差波动相对较大，说明经过遗传算法优化的 RBF 神经网络在评估准确度方面比未优化的 RBF 神经网络有明显的优势，构建的基于 GA-RBF 神经网络评估模型的可行性和科学性，达到了预期要求。在对新的保障效能进行评估时，只需将相应的评估指标值输到训练好的模型中，就能输出保障效能评估结果。

(4) 方案优选。

利用 GA-RBF 神经网络模型对智能化装备保障效能评估值进行计算，并选出保障效能较好的方案。表 6-3 给出了 3 种不同状态下，经过归一化处理的智能化装备保障效能评估指标值，利用训练成熟的 GA-RBF 神经网络评估模型计算出对应的效能值。

表 6-3 智能化装备保障评估方案对应的评估值与效能值

Table 6-3 Evaluation index value and effectiveness value corresponding to intelligent equipment support evaluation scheme

方案	P_1	P_2	P_3	方案	P_1	P_2	P_3
I_{11}	0.36	0.37	0.36	I_{31}	0.77	0.80	0.86
I_{12}	0.85	0.65	0.70	I_{32}	0.86	0.85	0.90
I_{13}	0.85	0.90	0.84	I_{33}	0.83	0.61	0.81
I_{14}	0.76	0.74	0.77	I_{34}	0.71	0.53	0.64
I_{15}	0.55	0.50	0.54	I_{35}	0.68	0.62	0.65
I_{16}	0.68	0.60	0.71	I_{36}	0.79	0.58	0.63
I_{17}	0.75	0.65	0.67	I_{41}	0.85	0.70	0.75
I_{21}	0.71	0.63	0.61	I_{42}	0.87	0.81	0.84
I_{22}	0.82	0.80	0.75	I_{43}	0.73	0.69	0.70
I_{23}	0.85	0.76	0.83	I_{44}	0.54	0.50	0.61
I_{24}	0.60	0.55	0.62	I_{45}	0.79	0.71	0.80
I_{25}	0.78	0.69	0.73	效能值	0.8162	0.7274	0.7456

由表 6-3 可知，效能评估值 $P_1>P_3>P_2$，即方案 1 的效能评估值最高，方案 1 为在基于 GA-RBF 评估模型条件下的最优方案。一般认为，评估值在 (0.8,1) 之间时，认为保障方案为优，评估值在 [0.6,0.8] 之间时，保障方案为良，评估值小于 0.6 时，保障方案为差。通过比较方案 1 与方案 2 的指标值，找到指标值存在明显差距的多个指标，对该指标对应的装备保障实体进行升级改造，改善智能化装备保障的薄弱环节，提高保障效能释放程度。对方案 3 采取同样的措施，确定装备保障薄弱环节、制约因素等，有针对性地加大智能化装备保障体系建设。

6.7 本章小结

本章阐述了智能化装备保障评估的基本内涵，分析了效能评估的目的，设计了效能评估的步骤，并通过对装备保障效能影响因素的分析，建立了智能化装备保障效能评估指标体系。根据智能化装备保障效能评估的特点，设计了基于 GA-RBF 神经网络的效能评估模型，将遗传算法全局寻优的优势与径向基神经网络相结合，助推 RBF 神经网络快速全局寻优，确定相关网络结构参数，形成智能化装备保障效能评估模型，并运用评估模型对智能化装备保障活动方案进行评估、优选。

第 7 章 推进我军智能化装备保障建设的对策

智能化装备保障的发展,应广泛运用智能技术和装备,在现有装备保障架构基础上,实现人机紧密结合,战略、战役、战术有机衔接,作战指挥与装备保障高度融合,资源配置与保障活动灵活调控。当前,我军智能化装备保障建设迎来了难得的发展机遇,必须抓住这个重要战略机遇期,按照科学论证、系统设计、军民融合、重点突破的思路,加快智能化装备保障建设步伐,为保障打赢信息化、智能化战争奠定坚实基础。

7.1 加强战略筹划,做好顶层设计

我军应当从战略高度深刻认识智能化装备保障的地位和作用,统筹规划智能化装备保障的发展方向、发展途径、资源配置、资金筹措、人才引用,引领智能化装备保障健康、有序、快速、高效发展。一是统一规划,明确路线图。在军队信息化、智能化建设转型的总体大框架下,统筹设计、统一规划军队装备保障建设,并与军队其他领域建设规划相协调。依据体系设计思想和系统工作原理,着眼搭设体系,确立我军智能化装备保障的发展领域、主要发展方向和基本类型;结合通信、信息、技术、材料、能源、网络、人工智能等技术发展现状与趋势,拟定我军智能化装备保障的技术路径和主要研发重点;结合我军智能化装备发展现状及社会企业、科研机构相关力量实力,确立我军智能化装备保障建设的力量主体和组织方式;结合世界各国智能化装备发展现状及趋势、规划,研究设立我军智能化装备保障建设的远景

目标、总体步骤、时间节点，争取在智能化装备领域建立领先优势。二是统一标准，规范一体化。在智能化装备保障的设施建设、技术标准设定、信息网络连接、运行机制制定上，都要把握"标准化、一体化"这个核心要求，在强化通用性、融合性的前提下，解决智能化装备保障中的互用性、共享性、一体化的问题，确保智能化装备保障中的所有要素能够集成融合、紧密对接，提高装备的通用性、互操作性和模块组合性。具体而言，智能化装备保障装备在电子信息、设备零件、组网联络、动力组件、行动机构等方面都达到标准化和通用化，使装备保障实现便利化以及与作战的一体化，提高各种保障的整体效率和作战体系的整体运转效率，避免重复建设、自立规矩、互成烟囱，提高建设质量和效益。三是统一架构，通专一体化。智能化装备保障要按照"三军一体"的原则，对各军种保障要素进行整合，建立统一的保障架构。在智能化保障装备与仓储的使用上，进行统一规划和设计，建立区域性保障体系结构，实现区域内三军统管共用的模式；对智能化装备保障力量建立模块化组织结构，按照"战保一体"的作战化编制进行模块组合，确保保障模块与作战模块无缝对接，体系联动；按照"通专一体"的要求，建立"通专一体"智能化装备保障力量结构，对智能化装备保障层次和区域进行划分，进行"通专一体"的综合保障。

7.2 贯彻军民一体，坚持协同推进

装备保障领域的智能技术，军民通用性强，目前地方在该领域走在前列，具有明显优势。只有走军民融合发展之路，把这个优势发挥好、利用好，才能最大限度地提高军队智能化装备保障建设的效率和效益。一是搞好智能化装备保障技术一体论证，充分发挥地方科研院所、高校、企业在智能技术研发和运用方面的优势，加强智能技术实验室、试验中心（基地）等创新资源军地共建共享共用。二是抓好智能化装备保障技术领域军民科技协同创新，健全完善军地需求对接机制、成果双向转化机制，形成军方提出需求、地方组织研发、部队实施验证的科研"闭环"模式。三是围绕关键技术和装备建设，集中精力抓好重大项目，最大限度地实现民为军用，形成主体在民、骨

干在军、多维一体、跨越发展的智能化装备保障技术融合发展布局。

7.3 突破关键技术，加快力量建设

智能化装备保障力量的重点是人机结合，关键技术、智能化装备与人机结合的模式是目前的薄弱环节，必须从关键技术突破入手，加快智能化装备保障建设，探索人机结合新模式，尽快形成新型保障力量。一是突破关键技术，发展智能化保障装备。重点突破野战物联网、传感器网络、目标识别等智能化感知技术，有人/无人高效协同的人机智能融合和自适应学习技术，平台分布式自主协同技术，数据安全传输技术等关键技术；发展环境适应性好、安全可靠、续航力强、有效载荷大的机、车、船平台，以及具备智能仓储功能的仓和满足各类专业勤务保障需求的智能机器人等。二是探索人机结合模式，建设新型保障力量。按照战保一体、人机结合、模块组合、专业融合、功能聚合的模式，形成智能技术融于保障平台、手段融于力量、地方融于军队、模块灵活组合的保障力量体系。要结合当前形势任务需要，适应战场保障要求，在旅或营级酌情构建智能化保障分队，根据不同作战对象、任务、地形的需要，多功能、模块化编组战术智能化保障力量，形成不同层级、不同能级的保障能力。要依托地方有关科研院所和企业单位，抽组技术人员和相关装备，尽快建立智能化保障预备役力量，纳入战略战役装备保障力量体系。三是搞好联演联训，提高保障能力。要重视智能化保障力量的实战化训练，组织智能化保障力量参与完成重大军事行动任务，分批次参加部队实兵实装训练或实战化演练，重点根据不同作战样式、不同战场环境、不同保障需求，创新智能化装备保障模式，尽快形成保障能力。

7.4 注重理论研究，创新保障理论

着眼于智能化装备用于战场装备保障的广阔前景，以及对现行装备保障模式、保障理论、保障体系造成的深远影响，大力开展智能化保障理论研究。一是开展智能化保障军事需求研究。着眼于智能技术发展趋势和战争形态演

变，围绕未来信息化、智能化战争打什么样的仗、怎么搞保障，扎扎实实把物资投送、装备维修、军事仓储等领域的保障需求搞清楚、弄明白。二是开展智能化保障应用理论研究。围绕智能技术对现行装备保障模式、保障理论、保障体系造成的深远影响，研究探讨智能化保障应用体系、应用模式和指挥控制、战技指标、配套机制等重难点问题；结合各战略方向和联合作战不同样式，以及特殊战场环境，研究提出战场智能化保障典型构想，形成系列理论成果和对策建议。三是开展智能化保障实验实证研究。从智能化保障全系统、全流程、全要素出发，研究智能化保障效能评估指标体系，构建实验实证平台，开展典型智能化保障模式、流程、方法实证研究；针对不同作战样式、不同战场环境，论证提出满足装备保障需求的智能化装备关键指标体系。四是开展智能化保障应用标准规范研究。着眼于未来智能化保障体系化建设、常态化运行，围绕智能技术应用领域、运行管理、维护保障、效果评估，研究论证相关政策、法规制度、标准规范，推动智能化保障科学化、制度化、规范化。

7.5 注重硬件建设，加大软件开发

我军在智能化装备保障建设方面，已经进行了一些有益的探索，也取得了一定的成果，但从宽度和深度上来看，与外军的进展相比，还存在着较大的差距。要在智能化装备保障上实现弯道超车，跟上新时代信息化战争"牙齿"对"尾巴"新需求的步伐，谋求打赢信息化战争智能化装备保障的明显优势，我军必须在统筹谋划的基础上把握关键，突出重点，抓好硬件建设和软件建设。一是研发硬件技术，提高环境适应性。智能化装备保障装备大多在地形复杂、气象恶劣、战场威胁、核生化危害等多种不利条件下作业，使用规模大、频度多，对装备的硬件要求较高。我军要加强研究提高战场生存能力的技术，提高结构和材料的环境适应性、耐用性、快速维修的技术，提高动力系统、推进系统功效、支持故障状态下降级自适应运行的技术，提高适用性、可靠性、可维护性的技术，制造结构优化、耐用抗噪、便于维护保养和模块替换的保障装备硬件。二是发展自主技术，提高智能化水平。自主

技术是系统提升自主能力和智能水平的关键技术，可实现感知、理解、分析、交互、规划、决策和执行的一体化、智能化，对战场达成自适应和装备间协同协作，显著提高整体效能。我军智能化装备保障装备建设，近期要重点发展系统的自主技术，实现系统对战场的实时感知和自适应路径规划；中期要提升总体技术水平，实现人工操控为辅、自主作业为主的较高智能化水平；远期要实现未来作战环境下，智能化装备保障装备协同编组、群体智能化作业。

7.6 融合军地教育，培养专业人才

智能化装备不论如何发展，打赢信息化、智能化战争的决定性因素仍然是人，是熟知智能化知识、掌握智能技术、通晓智能化指挥控制的人。这就对抓紧培养智能化保障指挥控制和专业技术人才提出了新的、更高的要求。一是依托军队有关院校培养指挥控制人才。根据智能化保障需要，设置相关专业，设计培养方案，构建课程体系，完善教育训练条件，培养高素质的智能化保障指挥控制人才。二是依托科研院所和地方企业培养技术保障人才。着眼于智能化专业需要，发挥军地科研院所和地方企业技术优势，通过跟研、跟产、跟训，培养专业化技术保障人才。三是纳入军事职业教育体系。大力普及智能化保障知识，在全军兴起岗位练兵热潮，全面提高官兵智能化保障的基本素养。

第8章 总结与展望

随着战争形态由机械化、信息化向智能化加速转变,智能化装备保障逐渐成为未来新型陆军遂行装备保障任务的主要方式,对其相关问题的研究已成为军事领域的热点课题。在此背景下,本书对智能化装备保障问题进行了有益探索。

8.1 主要工作总结

本书以陆军智能化装备保障为研究对象,紧紧围绕智能化装备保障概念的内涵、体系构建、运行实现、效能评估等重点环节,以信息化研究成果为基础,以智能化发展初级阶段为界限,以提高装备保障能力为根本目标,从宏观层面对陆军智能化装备保障相关问题展开研究。完成的主要工作如下。

(1) 开展了智能化装备保障的认知分析。界定了智能化装备保障的相关概念,阐释了其内涵、组成要素、发展阶段、主要特征、具体方式、地位作用等内容,进一步完善了智能化装备保障基础理论。

(2) 建立了基于 GQFD + 机器学习的智能化装备保障能力指标重要度分析模型。在确定智能化装备保障任务指标和能力指标的基础上,综合运用灰色质量功能展开法和机器学习理论,建立了基于 GQFD + 机器学习的智能化装备保障能力指标重要度分析模型,确定了智能化装备保障能力指标重要度权值。

(3) 构建了基于"人—机—环境"系统工程理论的陆军智能化装备保障体系。在阐述陆军智能化装备保障体系构建目标、原则的基础上,提出了基于"人—机—环境"系统工程理论的体系构建方法，厘清了智能化装备保障体系中人、机、环境要素的变化，并运用该方法阐述了陆军智能化装备保障体系的构建过程和内容。

（4）探索了陆军智能化装备保障体系关键模型的构建方法与运行模式。根据陆军智能化装备保障体系内容，构建了装备保障态势感知、智能决策、保障实施模型，并分别对各模型的运行过程进行了分析和设计。在态势感知环节，分析了态势感知的内涵、面临的挑战，以及智能技术对态势感知的影响，设计了基于云—端架构的、由"态"到"势"的态势感知模型，并分析了其运行过程；在智能决策环节，综合运用专家系统与神经网络各自在智能决策方面的优势，建立了"并行—融合"结构形式的智能决策模型；在保障实施环节，分析了人机协同保障的内涵、主要形式和优势，明确了人机协同保障的运行基础，建立了人机协同保障运行模型，阐释了人机协同保障的运行机理和过程。

（5）建立了基于 GA – RBF 神经网络的智能化装备效能评估模型。阐述了智能化装备保障评估的内涵，分析了效能评估的目的，设计了效能评估的步骤，并通过对装备保障效能影响因素的分析，构建了智能化装备保障效能评估指标体系。提出了将遗传算法全局寻优的优势与径向基神经网络算法集成的评估方法，建立了基于 GA – RBF 神经网络的效能评估模型，并运用评估模型对智能化装备保障实施方案进行了评估优选。

8.2　主要创新点

（1）系统解析了智能化装备保障理念。智能化装备保障是一种全新的保障理念，其相关理论研究尚未摆脱机械化、信息化的思维模式，存在研究内容片面、深度不够等问题。本书对智能化装备保障的相关概念、内涵、组成要素、发展阶段、主要特征、具体方式、地位作用等内容进行全面系统的分析，丰富了智能化装备保障理论体系，为陆军智能化装备保障建设提供了理论基础。

（2）构建了基于 GQFD + 机器学习的智能化装备保障能力指标重要度分

析模型，并在此基础上，运用"人—机—环境"系统工程原理构建了陆军智能化装备保障体系。由于传统的基于专家经验的装备保障能力重要度分析方法，易受主观因素干扰，且指标之间缺少关联性分析，使分析结论的可靠性、客观性受到一定程度的影响。本书在确定智能化装备保障任务指标和能力指标的基础上，综合运用灰色质量功能展开法和机器学习理论，提出了客观、动态的能力指标重要度分析方法，建立了基于 GQFD + 机器学习的智能化装备保障能力指标重要度分析模型。相较于其他方法，该模型更加客观、高效、智能。根据能力指标重要度分析的结论，将智能化装备保障能力指标要素按照"人—机—环境"系统工程原理进行聚合匹配，构建了涵盖装备保障态势感知、智能决策、保障实施三个方面的陆军智能化装备保障体系。

（3）提出了智能化装备保障关键模型的构建方法与运行模式。以保障云平台为支撑，在态势感知环节，设计了基于云—端架构的可视化态势感知模型，该模型相较于其他态势感知模型，具有对战场保障数据快速处理、深度挖掘、可视化呈现等功能，适应了现代战场激烈频繁的作战节奏；在智能决策环节，构建了"并行—融合"结构形式的智能决策模型，该模型将专家系统和神经网络算法相结合，克服了单纯依靠专家系统进行辅助决策的诸多缺陷，使智能决策支持系统具有了一定的自更新、自适应的能力；在保障实施环节，建立了人机协同保障实施模型，分析了有人/无人平台之间的协同关系，明确了人机协同保障的运行基础，建立了人机协同保障运行模型，阐释了人机协同保障的运行机理和模式。

8.3 研究展望

本书针对陆军智能化装备保障问题进行了深入研究，取得了预期成果。但随着战争形态的转变和智能技术的发展，智能化装备保障问题研究需要在理论、方法和实践上不断改进。由于著者理论水平、知识储备的限制，加上时间和精力有限，还有很多需要进一步研究和完善的内容。

（1）深入拓展陆军智能化装备保障研究范围。本书对智能化装备保障相关内容进行了初步探讨，后续还需不断完善相应的外部支撑条件，将与智能化装备保障相关的日常训练、法规机制、标准规则等内容纳入研究范畴，进一步丰富研究内容，夯实理论基础，为全面系统开展智能化装备保障研究提供有力支撑。

（2）智能化装备保障关键技术的突破。针对制约智能化装备保障发展的关键技术，比如态势感知对保障对象的智能化识别技术、智能决策并行处理技术、人机协同任务规划技术等，进行重点研究，突破智能化装备保障建设发展的瓶颈。

（3）装备保障理论由"弱智能"向"强智能"的转变不断革新。随着智能技术不断发展成熟，将不断地对装备保障理念、方式产生巨大冲击，装备保障理念、体系建设，以及运行和实现模式将会发生巨大改变。因此，应根据智能技术的发展程度，对装备保障相关内容不断进行更新和改进。

附录　效能评估样本数据

样本	S_1	S_2	S_3	S_4	S_5	S_6	S_7	S_8	S_9	S_{10}
I_{11}	0.32	0.30	0.38	0.43	0.51	0.61	0.33	0.72	0.63	0.45
I_{12}	0.81	0.72	0.85	0.92	0.61	0.74	0.61	0.65	0.84	0.57
I_{13}	0.85	0.70	0.90	0.90	0.59	0.86	0.45	0.72	0.85	0.78
I_{14}	0.67	0.72	0.87	0.78	0.63	0.73	0.36	0.69	0.77	0.67
I_{15}	0.79	0.61	0.90	0.89	0.50	0.82	0.52	0.57	0.67	0.49
I_{16}	0.54	0.68	0.71	0.65	0.57	0.77	0.47	0.62	0.73	0.56
I_{17}	0.69	0.66	0.57	0.82	0.54	0.46	0.62	0.79	0.62	0.79
I_{21}	0.61	0.54	0.40	0.73	0.43	0.80	0.59	0.58	0.65	0.55
I_{22}	0.65	0.60	0.78	0.76	0.39	0.54	0.57	0.55	0.60	0.73
I_{23}	0.75	0.70	0.90	0.87	0.66	0.71	0.60	0.74	0.79	0.64
I_{24}	0.72	0.60	0.81	0.83	0.49	0.93	0.39	0.71	0.68	0.76
I_{25}	0.83	0.76	0.72	0.91	0.65	0.48	0.46	0.81	0.70	0.81
I_{31}	0.75	0.62	0.82	0.86	0.54	0.74	0.55	0.72	0.48	0.58
I_{32}	0.65	0.72	0.80	0.77	0.61	0.83	0.36	0.63	0.79	0.74
I_{33}	0.80	0.85	0.79	0.91	0.74	0.75	0.51	0.88	0.84	0.73
I_{34}	0.61	0.59	0.46	0.72	0.46	0.64	0.67	0.57	0.67	0.67
I_{35}	0.49	0.64	0.75	0.61	0.55	0.66	0.48	0.51	0.57	0.63
I_{36}	0.51	0.54	0.63	0.62	0.42	0.53	0.50	0.71	0.39	0.75
I_{41}	0.26	0.30	0.29	0.38	0.32	0.41	0.43	0.74	0.52	0.62
I_{42}	0.75	0.60	0.80	0.84	0.47	0.67	0.35	0.81	0.60	0.82
I_{43}	0.75	0.66	0.78	0.86	0.58	0.59	0.54	0.67	0.82	0.61
I_{44}	0.68	0.55	0.69	0.79	0.44	0.55	0.65	0.65	0.73	0.55
I_{45}	0.76	0.69	0.87	0.88	0.57	0.80	0.36	0.60	0.71	0.67
效能值	0.725 0	0.600 5	0.819 3	0.834 6	0.491 7	0.702 9	0.547 8	0.652 7	0.775 2	0.696 0

续表

样本	S_{11}	S_{12}	S_{13}	S_{14}	S_{15}	S_{16}	S_{17}	S_{18}	S_{19}	S_{20}
I_{11}	0.80	0.64	0.91	0.61	0.82	0.61	0.67	0.51	0.71	0.55
I_{12}	0.38	0.57	0.55	0.59	0.54	0.54	0.70	0.61	0.54	0.36
I_{13}	0.58	0.69	0.51	0.61	0.40	0.87	0.42	0.84	0.51	0.93
I_{14}	0.76	0.70	0.44	0.51	0.33	0.34	0.49	0.89	0.84	0.65
I_{15}	0.90	0.66	0.45	0.95	0.32	0.52	0.60	0.91	0.41	0.36
I_{16}	0.45	0.81	0.62	0.44	0.84	0.44	0.35	0.62	0.62	0.61
I_{17}	0.91	0.76	0.51	0.67	0.93	0.88	0.67	0.92	0.79	0.69
I_{21}	0.76	0.74	0.71	0.74	0.61	0.79	0.88	0.34	0.74	0.70
I_{22}	0.56	0.67	0.56	0.44	0.41	0.71	0.44	0.36	0.51	0.41
I_{23}	0.71	0.50	0.50	0.68	0.50	0.56	0.66	0.51	0.45	0.53
I_{24}	0.47	0.53	0.94	0.74	0.36	0.78	0.90	0.67	0.76	0.75
I_{25}	0.55	0.69	0.54	0.69	0.67	0.59	0.65	0.90	0.39	0.37
I_{31}	0.73	0.80	0.56	0.84	0.93	0.55	0.72	0.52	0.49	0.45
I_{32}	0.77	0.67	0.46	0.95	0.35	0.88	0.63	0.40	0.68	0.42
I_{33}	0.81	0.72	0.48	0.56	0.48	0.64	0.92	0.49	0.85	0.89
I_{34}	0.72	0.63	0.75	0.74	0.33	0.33	0.51	0.69	0.65	0.82
I_{35}	0.59	0.79	0.86	0.57	0.41	0.69	0.35	0.35	0.57	0.94
I_{36}	0.56	0.45	0.35	0.31	0.55	0.89	0.80	0.46	0.93	0.90
I_{41}	0.62	0.39	0.36	0.52	0.87	0.89	0.67	0.71	0.32	0.47
I_{42}	0.54	0.78	0.36	0.33	0.44	0.37	0.93	0.49	0.80	0.79
I_{43}	0.77	0.67	0.3	0.33	0.45	0.55	0.84	0.31	0.73	0.91
I_{44}	0.86	0.54	0.95	0.43	0.89	0.82	0.92	0.65	0.90	0.74
I_{45}	0.65	0.61	0.78	0.79	0.83	0.60	0.51	0.51	0.71	0.55
效能值	0.743 8	0.557 3	0.539 5	0.810 6	0.613 7	0.621 4	0.706 1	0.596 1	0.625 8	0.548 2

样本	S_{21}	S_{22}	S_{23}	S_{24}	S_{25}	S_{26}	S_{27}	S_{28}	S_{29}	S_{30}
I_{11}	0.51	0.70	0.91	0.61	0.74	0.57	0.82	0.77	0.42	0.35
I_{12}	0.73	0.88	0.55	0.59	0.75	0.33	0.45	0.72	0.58	0.75
I_{13}	0.49	0.44	0.51	0.61	0.75	0.93	0.31	0.45	0.60	0.75
I_{14}	0.86	0.94	0.44	0.51	0.52	0.65	0.37	0.61	0.61	0.77
I_{15}	0.50	0.35	0.45	0.95	0.83	0.82	0.32	0.44	0.66	0.83
I_{16}	0.91	0.79	0.62	0.44	0.66	0.62	0.55	0.55	0.49	0.74
I_{17}	0.32	0.72	0.51	0.67	0.37	0.76	0.55	0.39	0.84	0.65
I_{21}	0.68	0.83	0.71	0.74	0.35	0.95	0.63	0.45	0.41	0.50

续表

样本	S_{21}	S_{22}	S_{23}	S_{24}	S_{25}	S_{26}	S_{27}	S_{28}	S_{29}	S_{30}
I_{22}	0.32	0.43	0.56	0.44	0.43	0.74	0.82	0.83	0.67	0.70
I_{23}	0.68	0.81	0.56	0.68	0.35	0.85	0.89	0.34	0.83	0.70
I_{24}	0.51	0.62	0.94	0.74	0.52	0.41	0.39	0.85	0.68	0.71
I_{25}	0.56	0.53	0.54	0.69	0.75	0.47	0.35	0.37	0.95	0.80
I_{31}	0.53	0.64	0.56	0.84	0.61	0.43	0.46	0.34	0.37	0.65
I_{32}	0.92	0.78	0.46	0.95	0.85	0.49	0.59	0.35	0.84	0.70
I_{33}	0.78	0.78	0.48	0.56	0.57	0.82	0.34	0.63	0.38	0.83
I_{34}	0.63	0.38	0.75	0.74	0.39	0.53	0.47	0.61	0.74	0.75
I_{35}	0.36	0.64	0.86	0.57	0.67	0.52	0.37	0.88	0.32	0.62
I_{36}	0.38	0.56	0.35	0.31	0.58	0.87	0.58	0.41	0.36	0.79
I_{41}	0.39	0.46	0.36	0.52	0.54	0.47	0.81	0.65	0.68	0.25
I_{42}	0.64	0.73	0.36	0.33	0.64	0.72	0.89	0.89	0.81	0.78
I_{43}	0.65	0.42	0.39	0.33	0.74	0.53	0.59	0.77	0.47	0.70
I_{44}	0.86	0.63	0.95	0.43	0.75	0.57	0.82	0.72	0.58	0.64
I_{45}	0.51	0.71	0.78	0.79	0.75	0.33	0.45	0.45	0.67	0.76
效能值	0.654 7	0.670 8	0.685 1	0.804 6	0.617 3	0.520 5	0.596 5	0.718 4	0.732 6	0.704 5

参考文献

[1] 李向阳. 主要国家人工智能战略及军事应用 [J]. 中国军事科学, 2019 (3): 1-7.

[2] 郑南宁. 人工智能新时代 [J]. 智能科学与技术学报, 2019, 1 (1): 1-3.

[3] 王璐菲. 美国制定人工智能研发战略规划 [J]. 防务视点, 2017 (3): 59-61.

[4] 李大鹏. 俄罗斯坚定推进智能化军队转型 [N]. 中国青年报, 2018-11-22 (12).

[5] 王晓彬. 新时代军事智能化发展战略研探 [J]. 军事学术, 2020 (3): 16-19.

[6] 韦强, 赵书文. 人工智能推动战争形态演变 [J]. 军事文摘, 2017 (13): 54-57.

[7] 季自力, 王文华. 世界军事强国的人工智能军事应用发展战略规划 [J]. 军事文摘, 2020 (9): 7-10.

[8] 王晗, 杨子明, 张晓龙. 美军智能化武器装备体系发展 [J]. 国防科技, 2019, 40 (4): 15-19.

[9] 啜向前, 任杰. 叙利亚战争俄军装备保障做法及启示 [J]. 空军军事学术, 2020 (4): 108-111.

[10] 丁宁, 张兵. 世界主要军事强国的智能化武器装备发展 [J]. 军事文摘, 2019 (1): 24-27.

[11] 槐泽鹏, 龚旻, 陈克. 未来战争形态发展研究 [J]. 战术导弹技术,

2018（1）：1-8.

［12］曹世宏，李云，闫宇壮，等. 后勤保障智能化建设初探［J］. 仓储管理与技术，2018（3）：24-28.

［13］蔡云骧，李林，杨圣勤. 人工智能技术在作战保障领域的应用与发展［J］. 国防科技，2019，40（4）：45-49.

［14］王莉. 人工智能在军事领域的渗透与应用思考［J］. 科技导报，2017，35（15）：15-19.

［15］张文军，张春润，杨捷轩. 聚合保障理念解析［J］. 军事交通学院学报，2017，19（1）：32-36.

［16］GORDON H. Focused logistics campaign plan［EB/OL］.（2003-01-10）［2018-08-17］. http：//www.dtic.Mil/jcs/j4/projects/foclog/focusedlogistics.

［17］赵振华，姜大立. 美军战备物资储备的主要做法［J］. 物流技术，2015，34（7）：299-300.

［18］徐廷学，朱兴动，赵建印，等. 装备综合保障理论与应用［M］. 北京：电子工业出版社，2021.

［19］Corporation S. II. The sense and respond logistics capability and operation Iraqi freedom［M］. New York：Office of Force Transformation of DOD，2006.

［20］侯哲威. 感知与反应后勤系统研究［M］. 北京：国防大学出版社，2015.

［21］DAVID E S，ROBERT E. Designer materials：changing the future of logistics［J］. Army Logistician，2005（2）：24-29.

［22］康小岐，刘春生. 美国陆军2020年持续保障构想［J］. 后勤学术，2014（11）：112.

［23］李文学. 俄军建军以来后勤建设与改革述评［J］. 国防科技，2015，36（4）：97-100.

［24］王凤才. 俄军高技术局部战争后勤保障研究［R］. 北京：全军后勤学术研究中心，2005.

［25］庞国锋，田春晖. 俄军加强后勤建设的主要措施［J］. 外国军事后勤，

2015 (4): 68-70.

[26] 徐克洲, 商世民. 世界主要国家军队对后勤保障认识的新发展 [J]. 外国军事后勤, 2012 (5): 1-6.

[27] 陈卫平, 商世民. 军队后勤重大理论问题解析 [M]. 北京: 解放军出版社, 2011.

[28] 赵武. 我军后勤保障理论研究现状及展望 [J]. 后勤学院学报, 2012 (5): 18-20.

[29] 仰礼才. 军事后勤理论创新 [M]. 北京: 解放军出版社, 2010.

[30] 孙宝龙, 周勇, 张献山. 论信息化条件下联合作战后勤保障指导思想 [J]. 后勤学术, 2015 (4): 36-38.

[31] 刘德广, 刘亚儒. 全面建设现代后勤理论研究 [M]. 北京: 金盾出版社, 2013.

[32] 易凯, 张修社, 韩春雷, 等. 分布式智能作战决策应用发展与关键技术 [J]. 现代导航, 2021 (1): 46-51.

[33] COHEN M S, ADELMAN L, TOLCOTT M A, et al. A cognitive framework for battlefield commanders' situation assessment [R]. Cognitive Technologies, Inc, 4200 Lorcom Lane, Arlington, VA 22207, 1993.

[34] JUAREZ-ESPINOSA O, GONZALEZ C. Situation awareness of commanders: a cognitive model [C]//2004 Conference on Proceedings of Behavior Representation in Modeling and Simulation, 2014.

[35] LAKE B M, SALAKHUTDINOW R, TENENBAUM J B. Humanlevel concept learning through probabilistic program induction [J]. Science, 2015, 350 (6266): 1332-1338.

[36] 杨璐, 刘付显, 王启石, 等. 海战场防空态势评估关键问题的分析与思考 [J]. 空军工程大学学报 (军事科学版), 2017, 17 (3): 17-20.

[37] 廖鹰, 易卓, 胡晓峰. 基于深度学习的初级战场态势理解研究 [J]. 指挥与控制学报, 2017, 3 (3): 67-71.

[38] 朱丰, 胡晓峰. 基于深度学习的战场态势评估综述与研究展望 [J]. 军事运筹与系统工程, 2016, 30 (3): 22-27.

[39] 欧微，柳少军，贺彼媛，等．战场对敌目标战术意图智能识别模型研究[J]．计算机仿真，2017，34（9）：10-14+19．

[40] 王梦迪，戚犇，王艺杰．基于贝叶斯网络的网络安全态势感知方法研究[J]．信息安全，2018（2）：57-60．

[41] 金善来，邵芳，许可．后勤保障决策智能化研探[J]．国防大学学报，2018（8）：89-91．

[42] 邓汀湖，赵武奎，卢诗骄．中美军队辅助决策系统现状比较[J]．兵工自动化，2006，25（10）：15-16．

[43] 金欣．"深绿"及 AlphaGo 对指挥与控制智能化的启示[J]．指挥与控制学报，2016，2（3）：202-207．

[44] 龙坤，朱启超．"算法战争"的概念、特点与影响[J]．国防科技，2017，38（6）：36-42．

[45] 梁雪峰，张东戈，毛腾蛟．智能化决策面临的技术瓶颈及应对思路[J]．中国军事科学，2019（3）：17-21．

[46] 张晓海，操新文．基于深度学习的军事智能决策支持系统[J]．指挥控制与仿真，2018，2（1）：1-7．

[47] 胡桐清，陈亮．军事智能辅助决策的理论与实践[J]．军事系统工程，1995（Z1）：3-10．

[48] 丁国勤，孟卫东．基于粗糙集的知识推理在后勤保障智能决策系统中的应用研究[J]．军事运筹与系统工程，2005，19（3）：40-42．

[49] 王壮，李辉，李晓辉．基于深度强化学习的作战智能体研究[C]．第六届中国指挥控制大会论文集（上册），2018：32-36．

[50] 荣明，杨镜宇．基于深度学习的战略威慑决策模型研究[J]．指挥与控制学报，2017，3（1）：44-47．

[51] 周来，靳晓伟，郑益凯．基于深度强化学习的作战辅助决策研究[J]．空天防御，2018，1（1）：31-35．

[52] 胡晓峰，贺筱媛，陶九阳．AlphaGo 的突破与兵棋推演的挑战[J]．科技导报，2017，35（21）：49-60．

[53] 蔡亚梅，宁勇，郭涛．美军有人—无人协同作战发展与趋势分析[J]．

航天电子对抗, 2021, 37 (1): 12-18.

[54] BARNES L S, SHEPARD L W. Manned and unmanned teaming: the future of marine corps reconnaissance units [J]. Marine Corps Gazette, 2018 (5): 44-49.

[55] 张文博, 李孝军, 刘斌. 有/无人机协同作战发展现状及作战运用探析 [J]. 飞航导弹, 2020 (10): 32-36.

[56] 李雄, 韩战宁, 樊延平. 面向目标中心战的自适应装备保障指挥方式研究 [J]. 指挥与控制学, 2018, 4 (2): 130-135.

[57] 牟俊铭, 王晖, 夏良华. 信息化条件下装备保障力量自组织优化研究 [J]. 空军通信学术, 2017 (6): 44-46.

[58] 王利利, 曹文涛, 欧阳. 有人/无人机编组协同作战探究 [J]. 空军指挥学院学报, 2021 (2): 13-15.

[59] 樊锐, 张鑫龙, 马磊, 等. 有人/无人机协同作战研究 [J]. 中国电子科学研究院学报, 2020 (3): 230-236.

[60] NASSAR B, HUSSEIN W, MOKHTAR M. Space telemetry anomaly detection based on statistical PCA algorithm [J]. International Journal of Electronics and Communication Engineering, 2015, 9 (6): 637-645.

[61] IVERSON D, MARTIN R, SCHWABACHER M, et al. General purpose data-driven system monitoring for space operations [J]. Journal of Aerospace Computing, Information, and Communication, 2012, 9 (2): 1-11.

[62] SAHA B, GOEBEL K, POLL S, et al. Prognostics methods for battery health monitoring using a Bayesian framework [J]. Instrumentation and Measurement, IEEE Transactions on, 2009, 58 (2): 291-296.

[63] LINDSAY S, WOODBRIDGE D. Spacecraft state-of-health (SOH) analysis via data mining [C]. 13th International Conference on Space Operations, CA, 2014.

[64] 游赟, 周博涵, 禹贵成. 基于AHP-FCE模型的储气库压缩机组重要度评估研究 [J]. 压缩机技术, 2021 (3): 16-20.

[65] 邵杰. 基于AHP与改进DEA方法的装甲兵部队信息化作战体系能力评

估［J］．兵工自动化，2017，36（9）：78-80．

［66］何帆，黄东，李其祥，等．基于 GQFD 的新型装甲防暴车战技性能重要度分析［J］．军械工程学院学报，2016，28（3）：1-5．

［67］秦海峰，侯兴明，廖兴禾，等．基于 GQFD 航天装备维修保障能力需求分析［J］．兵器装备工程学报，2020，41（7），228-231．

［68］徐斐，谢洲烨，沈伟，等．基于神经网络的分布式雷达抗干扰效能评估方法［J］．现代雷达，2015，37（7）：4-7．

［69］陈侠，胡乃宽．基于 APSO-BP 神经网络的无人机空地作战效能评估研究［J］．飞行力学，2018，36（1）：88-92．

［70］李婷婷，刁联旺．智能化态势认知技术与发展建议［J］．指挥信息系统与技术，2020，11（2）：59-62．

［71］林聪榕，张玉强．智能化无人作战系统［M］．长沙：国防科技大学出版社，2008．

［72］胡志强，罗荣．基于大数据分析的作战智能决策支持系统构建［J］．指挥信息系统与技术，2021，12（1）：27-33．

［73］刘伟．智能与人机融合智能［J］．指挥信息系统与技术，2018，9（4）：1-7．

［74］庞宏亮．21 世纪战争演变与构想：智能化战争［M］．上海：上海社会科学院出版社，2018．

［75］袁艺．着力推进机械化、信息化、智能化融合发展［J］．中国军事科学，2019（3）：26-33．

［76］张承宗，翟晓娜．浅谈武器装备机械化、信息化、自动化和智能化建设关系［J］．空军装备研究，2018，12（5）：15-18．

［77］全军军事术语管理委员会．中国人民解放军军语［M］．北京：军事科学出版社，2011：523-524．

［78］中国军事百科全书：军事装备保障［M］．2 版．北京：中国大百科全书出版社，2007．

［79］叶跃胜．智能化装备保障［M］．北京：解放军出版社，2009．

［80］杜军影，张涛涛．未来智能化装备保障发展之我见［J］．石家庄机械化

步兵学院学报,2016(4):80-82.

[81] 朱江,沈寿林. 智能时代的指挥控制[M]. 北京:电子工业出版社,2018:125-127.

[82] 张勇超. 智能化战争:科技创新与转化[M]. 北京:中国社会出版社,2018:48-63.

[83] 李瑞兴. 加快推进我军无人智能化保障体系建设[J]. 中国军事科学,2018(03):60-66.

[84] 马方方,段文. 人工智能技术与军队后勤[J]. 国防科技,2019(02):27-30.

[85] 邹力. 智能化作战应"化"在哪里[N]. 解放军报(京),2019-1-24(07).

[86] 谷宏强,刘铁林. 军事装备保障事理[M]. 北京:解放军出版社,2012.

[87] 程运江,张程,赵日,等. 人工智能的发展及其在未来战争中的影响与应用思考[J]. 航空兵器,2019(01):62-66.

[88] 梁小安,蒋斌,姚果,等. 未来智能化战争条件下装备保障发展趋势研究[J]. 飞航导弹,2020(4):22-25.

[89] 陈东恒. 大力推进军事智能化[N]. 学习时报(京),2017-12-27(06).

[90] 吴明曦. 智能化战争[M]. 北京:国防工业出版社,2020.

[91] 邵世纲,尹航,贾丽. 装备智能化保障技术发展态势研究[J]. 飞航导弹,2021(4):93-97.

[92] 范瑞洲,郭凯. 对无人智能化装备保障基本问题的思考[J]. 军事交通学院学报,2019,21(7):37-40.

[93] 张迎,胡金锁,郭伟. 构建智能化后装保障体系浅析[J]. 军事学术,2019(6):46-49.

[94] 李容. 人工智能如何影响军事发展[J]. 前沿视点,2018(1):23-26.

[95] 段刚. 面对智能化战争的思考[J]. 空军军事学术,2019(2):42-

44.

[96] 赵武奎. 装备保障学 [M]. 北京：国防工业出版社，2003.

[97] 张文军，张伟东，赵鹏飞，等. 战区联合作战后勤聚合保障需求分析 [J]. 军事交通学院学报，2019，21（4）：63 - 67.

[98] 计勇，宋太亮，王建，等. 装备保障能力评估方法综述 [J]. 计算机测量与控制，2016，24（3）：1 - 3.

[99] 陈伟龙，陈春良，昝翔，等. 面向进攻作战任务的抢修对象任务重要度确定方法 [J]. 火力与指挥控制，2018，43（2），129 - 135.

[100] MI C M, XIA W G. Prioritizing technical requirements in QFD by integrating grey relational analysis method and analytic network process approach [J]. Grey Systems：Theory and Application，2015，5（1），117 - 126.

[101] FRANCESCHINI F，MAURIZIO G，MAISANO D. Prioritisation of engineering characteristics in QFD in the case of customer requirement orderings [J]. International Journal of Production Research，2015，53（13）：3975 - 3988.

[102] 樊延平，郭齐胜，王金良. 面向任务的装备体系作战能力需求满足度分析方法 [J]. 系统工程与电子技术，2016，38（8）：1826 - 1832.

[103] 刘思峰，党耀国，方志耕. 灰色系统理论及其应用 [M]. 北京：科学出版社，2004：50 - 80.

[104] 邓聚龙. 灰理论基础 [M]. 武汉：华中科技大学出版社，2002：122 - 124.

[105] 王永华. 智能化作战管见 [J]. 军事学术，2019（03）：24 - 27.

[106] 吴集，刘书雷，杨筱，等. 军事智能化趋势及智能化战争演进初探 [J]. 国防大学学报，2019（02）：26 - 30.

[107] 陆军军语编纂课题组. 中国人民解放军陆军军语（试行版）[G]. 南京：陆军指挥学院印刷厂，2020.

[108] 娄纯泗. 陆军智能化作战关键能力需求分析 [J]. 军事学术，2019（03）：13 - 16.

[109] 庞宏亮. 智能化战争制胜思想研究 [J]. 国防大学学报，2019（06）：

27 – 32.

[110] 雷明. 机器学习与应用 [M]. 北京：清华大学出版社，2019.

[111] 王磊，王晓东. 机器学习算法导论 [M]. 北京：清华大学出版社，2019.

[112] 张润，王永滨. 机器学习及其算法和发展研究 [J]. 中国传媒大学学报（自然科学版），2016，23（2）：10 – 18.

[113] 王森，王良明，傅健. BP 神经网络在弹丸落点预测中的应用 [J]. 计算机仿真，2021，38（2）：22 – 28.

[114] FAN Q, GAO D. A fast BP networks with dynamic sample selection for handwritten recognition [J]. Pattern Analysis and Applications, 2018, 21 (1): 67 – 80.

[115] 陈屹. 神经网络与深度学习实战 [M]. 北京：机械工业出版社，2019.

[116] 张毅，张珉浩. 基于机器学习的能力评价与匹配研究 [J]. 计算机工程与科学，2019，41（2）：363 – 369.

[117] 郭齐胜，樊延平，穆歌. 装备需求论证理论与方法 [M]. 北京：国防工业出版社，2017：61 – 65.

[118] MATULJA T, ZAMARIN A, MATULJA R. Boat equipment design methodology based on QFD and FEA [J]. Pomorski Zbornik, 2015, 49 (50): 87 – 100.

[119] 陈健，滕克难，杨春周，等. 基于 QFD 的动能反卫装备体系需求分析 [J]. 火力与指挥控制，2015，40（2）：45 – 49.

[120] 张全礼，蓝晶晶. 试述智能化作战的主要特征 [J]. 海军学术研究，2021（1）：13 – 16.

[121] 程新闻. 紧扣时代脉搏聚焦使命任务大力推进智能化后勤保障体系建设 [J]. 军事学术，2019（1）：43 – 45.

[122] 焦玉恒，左文涛，简琳莉. 推进我军智能化装备保障问题浅析 [J]. 长缨，2020（3）：56 – 58.

[123] 吴明曦. 现代战争正在加速从信息化向智能化时代迈进 [J]. 科技中

国，2020（5）：15-20.

[124] 任鑫，刘明政，陈小虎，等."智慧后勤装备保障体系"构建探析[J].四川兵工学报，2015（8）：78-81.

[125] 刘卫华，冯诗愚.现代人—机—环境系统工程[M].北京：航空航天大学出版社，2009：2-7.

[126] 从瀚文.紧前推进智能化战争人才队伍建设的几点思考[J].政工学刊，2020（2）：36-38.

[127] 胡金锁，张迎，葛玉，等.陆军武器装备建设智能化转型思考[J].国防科技，2019，40（4）：25-29.

[128] 许东北.夯实军事智能化技术支撑[N].解放军报，2018-03-08（11）.

[129] 李昌玺，朱刚，黄申，等.联合作战条件下陆战场态势感知体系构建问题研究[J].中国电子科学研究院学报，2020，15（4）：60-65.

[130] 李大伟，吴红兵，贺庆.网络信息体系智能化发展设想[J].中国电子科学研究院学报，2020，15（6）：5-10.

[131] 郭忠伟，王皓砚，国立强.积极应对5G技术对智能化战争的影响[J].军事学术，2019（8）：70-72.

[132] 简如国.基于人工智能的联合作战指挥决策问题研究[D].长沙：国防科学技术大学，2019.

[133] 张超坤.云环境下虚拟资源利用率预测研究[D].保定：华北电力大学，2019.

[134] 周知，于帅，陈旭.边缘计算与人工智能融合的新范式[J].大数据，2019（2）：53-63.

[135] 李林哲，周佩雷，程鹏，等.边缘计算的架构、挑战与应用[J].大数据，2019（2）：3-16.

[136] 谭立伟，荣祥胜，徐铭.大力加强新时代空军后勤和装备保障体系建设[J].军事学术，2021（1）：53-56.

[137] 张留旺，王祖文，王海兰.新体制下装备器材保障模式研究[J].国防大学学报，2019（7）：93-96.

[138] 张西山，连光耀，李会杰，等．智能化无人保障装备发展及应用［J］．国防科技，2020，41（2）：10－14．

[139] 刘增勇，贾洪成，刘亚东，等．推进陆军装备维修保障建设转型研究［J］．军事交通学院学报，2018，20（3）：31－35．

[140] 贾琦，王铁宁，杨帆．陆军装备器材云保障模式探析［J］．物流技术，2019，38（1）：148－152．

[141] 晁绵星．基于深度学习的云安全态势感知方法研究［D］．哈尔滨：哈尔滨师范大学，2020．

[142] 韩党生．"作战云"理论视阈下的装甲兵装备保障［J］．国防科技，2018（1）：86－89．

[143] 胡晓峰，贺筱媛，陶九阳．态势智能认知的问题与探索［J］．论证与研究，2018，34（4）：1－12．

[144] 朱丰，胡晓峰，吴琳．从态势认知走向态势智能认知［J］．系统仿真学报，2018，30（3）：761－771．

[145] SCHUBERT J，BRYNIELSSON J，NILSSON M，et al. Artificial intelligence for decision support in command and control systems［C］∥ Proceedings of the 23th International Command and Control Research and Technology Symposium. Pensacola：ResearchGate，2018：6－9．

[146] 胡晓峰，贺筱媛，饶德虎．基于复杂网络的体系作战协同能力分析方法研究［J］．复杂系统与复杂性科学，2015，12（2）：9－17．

[147] 贾裙，吴元立，贺筱媛，等．作战协同关系超图模型［J］．国防科技大学学报，2015，37（3）：185－190．

[148] 张勇，丁建林．赛博空间态势感知技术研究［J］．信息网络安全，2012，3（1）：42－44．

[149] 张路，洪亮．基于信息技术的赛博空间对抗研究［J］．计算机技术与发展，2014，24（6）：208－214．

[150] ERHAN D，BENGIO Y，COURVILLE A，et al. Why does unsupervised pre－training help deep learning［J］. Journal of Machine Learning Research，2010（11）：625－660．

[151] BENGIO Y. Learning deep architectures for AI [J]. Foundations and Trends in Machine Learning, 2009, 2 (1): 1 - 27.

[152] 高桂清, 李承兴, 袁覃恩, 等. 基于 UML 导弹部队装备维修保障兵棋建模 [J]. 火力与指挥控制, 2019, 44 (1): 135 - 140.

[153] POWER D J. Using "big data" for analytics and decision support [J]. Journal of Decision Systems, 2014, 23 (2): 222 - 228.

[154] 张晓海, 操新文. 基于深度学习的军事辅助决策研究 [J]. 火力与指挥控制, 2020, 45 (3): 1 - 5.

[155] ERMC. Decision support systems: a summary, problems and future trends [J]. Decision Support Systems, 1988, 4 (4): 355 - 363.

[156] FETZER J H. People are not computers: (Most) thought processes are not computational procedures [J]. Journal of Experimental & Theoretical Artificial Intelligence, 1998, 10 (4): 371 - 391.

[157] HAMSCHER W, KIANG M Y, LANG R. Qualitative reasoning in business, finance and economics: Introduction [J]. Decision Supports Systems, 1995, 15 (2): 99 - 103.

[158] CHANG A M, HOLSAPPLE C W, WHINSTON A B. Model management issues and directions [J]. Decision Support Systems, 1993, 9 (1): 19 - 37.

[159] CHUANG T T, YADAV S B. The development of an adaptive decision support system [J]. Decision Support Systems, 1998, 24 (2): 73 - 87.

[160] SILVER D, HUANG A, MADDISON C. Mastering the game of go with deep neural networks and tree search [J]. Nature, 2016, 529 (7584): 484 - 489.

[161] VAN DEN BOSCH K, BRONKHORST A. Human - AI cooperation to benefit military decision making [C]. NATO, 2018.

[162] 田大钢, 费奇. DSS 结构的联接主义观点 [J]. 系统工程理论与实践, 2000 (1): 7 - 18.

[163] Congressional Research Service. Artificial Intelligence and National Security

[R]. Washington. D. C：CRS，2019.

[164] 陶文源，卢衍桐. 专家系统与人工神经网络在决策支持系统的集成[J]. 计算机仿真，1998（3）：35-38.

[165] 封超. 基于案例推理的应急决策方法研究[D]. 西安：西北工业大学，2018.

[166] 陈小鹏. 有人/无人协同作战典型模式与发展趋势[J]. 空军工程大学学报，2020，21（2）：7-10.

[167] 赵先刚，张铁强. 有人/无人协同作战问题探析[J]. 国防大学学报，2020（10）：43-46.

[168] 侯进永，刘传文. 无人机集群协同作战发展现状及关键技术分析[J]. 现代雷达，2020，42（06）：30-40+47.

[169] 丁达理，谢磊，王渊. 有人机/无人机协同作战运用及对战争形态影响[J]. 无人系统技术，2020，3（4）：1-9.

[170] 袁宏皓，袁成. 体系效能评估技术发展综述[J]. 飞航导弹，2019（5）：71-75.

[171] 代耀宗，沈建京，郭晓峰. 作战效能评估方法研究[J]. 国防科技，2017，38（5）：104-109.

[172] 帅勇，宋太亮，王建平，等. 装备保障能力评估方法综述[J]. 计算机测量与控制，2016，24（3）：1-3.

[173] 胡晓峰，杨靖宇，张明智，等. 战争复杂体系能力分析与评估研究[M]. 北京：科学出版社，2019.

[174] 张元，赵忠文. 基于OLS-RBF神经网络的指挥信息系统效能评估[J]. 指挥控制与仿真，2018，40（4）：66-69.

[175] 刘国强，陈维义，程晗，等. 基于BP神经网络的炮光集成武器系统作战效能评估与预测[J]. 海军工程大学学报，2019，31（3）：55-59.

[176] KHAN S, NASEEM I, MALIK M A, et al. A fractional gradient descent-based RBF neural network [J]. Circuits, Systems, and Signal Processing, 2018, 37 (12): 5311-5332.

［177］ MOODY J, DARKENC J. Fast learning in network of locally – tuned processing units ［J］. Neural Computation, 1989, 1 (2): 281 – 294.

［178］ ZHANG Y, XIANGDONG G, KATAYAMA S. Weld appearance prediction with BP neural network improved by genetic algorithm during disk laser welding ［J］. Journal of Manufacturing Systems, 2015 (34): 53 – 59.

［179］ 邵伯乐. 基于禁忌算法和 RBF 神经网络的网络安全态势预测 ［J］. 兰州工业学院学报, 2018, 25 (3): 54 – 57.

［180］ 魏全增, 陈机林, 高强, 等. 基于遗传优化 RBF 神经网络的电动负载模拟器控制 ［J］. 现代电子技术, 2015, 38 (21): 113 – 117.